DE

LA VÉNALITÉ

DES

CHARGES.

SAINT-DENIS. — IMPRIMERIE DE PREVOT ET DROUARD.

DE
LA VÉNALITÉ
DES
CHARGES

PAR

P. F. FÉDIX.

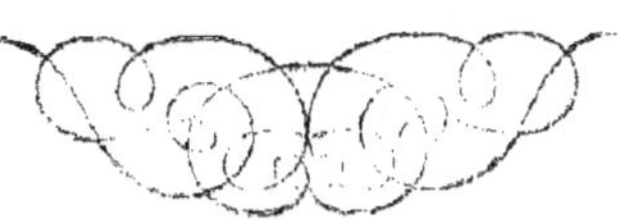

PARIS.

CHEZ GARNIER FRÈRES,

215 bis, Palais National, et rue Richelieu, 10.

1848.

AVERTISSEMENT.

Cette brochure n'est pas l'expression d'une pensée
isolée ; elle se rattache à un travail qui embrasse toutes les branches de l'administration, et que l'auteur,
si Dieu lui prête vie, et son éditeur assistance, se
propose de publier incessamment.

Nous assistons à une grande transformation sociale ; cette transformation, pour qu'elle s'accom-
plisse sans violence et sans choc, doit être progres-
sive. On ne rebâtit pas en un jour l'édifice de la société humaine. Ne démolissons donc qu'avec mesure et seulement lorsque nous aurons des matériaux
tout prêts pour réédifier à la place.

Cependant, des espérances ont été formulées, des
impatiences se sont fait entendre ; bientôt, si l'on n'y
prend garde, des ambitions légitimes, nous devons
le dire, qui aujourd'hui s'agitent en silence, élève-
ront bruyamment la voix , descendront dans la rue
peut-être.

Que faudra-t-il faire ?

Brusquer l'avenir, se jeter aveuglément dans l'application de théories flatteuses en apparence, mais au fond desquelles se trouvent encore le doute et l'incertitude?

Telle n'est point notre pensée.

L'ordre social sous lequel nous vivons est le produit de trente siècles d'enfantement et de progrès. N'y aurait-il pas délire à renier tout à coup les longs enseignements du passé, pour nous précipiter dans les incertitudes de l'avenir? Nous pensons que le temps de changer les bases de notre organisation politique n'est pas arrivé, et que tout progrès pour qu'il soit durable, doit être le résultat de la patience et du temps. Mais, si nous acceptons comme principe les bases actuelles de notre état social, nous repoussons ses vices et ses défauts, et nous sommes résolu de les attaquer sans miséricorde, jusqu'à ce qu'ils aient été effacés complètement de nos lois, proscrits de nos mœurs et de nos usages. Cette tâche que nous nous sommes imposée volontairement, nous saurons la poursuivre avec courage et persévérance.

Nous venons de dire que pour qu'il soit durable, le progrès doit être lent à s'accomplir. Pourquoi toujours les époques révolutionnaires ont-elles été suivies de réactions? Pourquoi après 89 avons-nous eu l'empire et 1815? Parce que dans le travail social qu'elles opèrent, les révolutions ne se contentent pas du présent; elles se précipitent audacieusement dans les champs de l'avenir. Mais quand revient le calme, lorsque s'appaise la tempête révolutionnaire, la société se rassied sur ses bases anciennes, modifiées, agrandies, il est vrai, mais non pas transformées tout à fait. Et alors, même durant cette halte apparente, la civilisation marche et progresse, guidée par ces jalons que d'audacieux novateurs ont planté en avant sur son chemin. Arrive ensuite une époque où, après s'être assimilées une à une, les grandes vérités proclamées dans la première phase révolutionnaire, la société réclame leur application et alors si cette application lui est refusée, elle rentre de nouveau dans les voies révolutionnaires. Aussi, après 1815 avons-nous eu 1830, après 1830, 1848. Telle est, en effet, la différence caractéristique qui existe entre nos deux grandes époques révolutionnaires : 1789 fut une révolution de principes, 1848, une révolution de fait. Que si l'on nous demande maintenant quelle conclusion nous prétendons tirer de là, la voici : Toutes les grandes vérités sociales proclamées dans la première de ces deux époques doivent être appliquées dans la seconde. C'est là, dans cet immense arsenal de projets et de lois préparés pendant 30 années d'études par les encyclopédistes, élaborés et mis en ordre pendant dix autres années de solennelles discussions par nos grandes assemblées législatives, que nous devons chercher la solution du présent. Nos pères ont semé ; un demi-siècle a fécondé leur travail ; ne dédaignons pas d'en récolter les fruits , nous, leurs enfants et leurs héritiers.

Telles sont nos convictions, et en nous reportant à 1789, nous ne croirons pas reculer ; car si 1789 se trouve un demi siècle derrière nous, ses penseurs et ses législateurs avaient devancé d'autant leur époque ; seulement ils l'avaient devancé comme penseurs. Nous, c'est comme praticiens que nous entendons nous y reporter.

Si nous publions cette brochure séparément et avant d'avoir terminé l'ensemble de notre travail, c'est que parmi les abus rétablis après 1815, la vénalité des charges est un des plus criants ; c'est que son abolition ouvrirait un vaste champ à ces ambitions tumultueuses que nous venons de signaler, en permettant à une foule de jeunes gens intel-

ligents et capables de se faire une place dans ces industries devenues libres ; c'est enfin, et pour atteindre
le but que nous venons de signaler, que nous avons
voulu que ce fût une des premières mesures dont aurait à s'occuper l'Assemblée constituante.

Déjà une commission a été instituée par le gouvernement provisoire afin de préparer un travail sur
la réorganisation de notre système judiciaire. La
question de la vénalité des offices devait être une des
premières, dont la commission avait à s'occuper.
Cependant, si nous sommes bien informé, elle aurait pris la résolution de l'ajourner indéfiniment. En
présence d'une législation inexorable d'une part, in-
fluencée de l'autre, par des considérations plus ou moins
légitimes reposant sur des droits acquis et des intérêts privés lésés, elle ne se serait pas senti le courage
de résoudre la question ; en sorte qu'elle aurait cherché dans son ajournement un moyen terme entre
l'intérêt général qui demande l'abolition et les intérêts des possesseurs actuels des offices qui la repous-
sent. Nous comprenons les ménagements de la commission. Elle est revêtue d'un caractère presque législatif ; ses décisions pèseront d'un poids immense
sur celles de l'Assemblée constituante à laquelle

elles seront nécessairement déférées ; et l'on n'agit qu'avec une excessive réserve quand on tient dans ses mains le sort de trente mille individus et la fortune peut-être de deux cent mille familles.

Cependant, sans préjuger une question aussi grave et dont la solution devra émaner nécessairement de l'Assemblée nationale, le gouvernement provisoire a pris une honorable initiative en faisant écrire aux acheteurs de charges, qui sollicitaient leurs nominations, que la législation, pas plus que le pouvoir, ne leur en garantissaient la jouissance. Beaucoup de ces postulants ont renoncé à leurs demandes et ont résilié leurs marchés. D'autres, déjà nommés, ont rétrocédé leurs offices aux anciens titulaires, qui ont été obligés de solliciter une nouvelle investiture. D'autres enfin ont transigé au moyen de réductions considérables dans les prix. On parle d'un agréé de Paris qui, mis en demeure de reprendre sa charge, a fait à son successeur une remise de 150,000 francs.

Tel est, en ce moment, l'état de la question, question brûlante qui tient tant, et de si graves intérêts en suspens. Faudra-t-il, parce que la commission que préside M. Martin de Strasbourg, a jugé convenable de ne pas l'aborder, qu'elle arrive devant l'assemblée législative sans avoir été préalablement posée, élaborée, discutée? Nous pensons qu'il n'en doit pas être ainsi et nous prenons l'initiative de la polémique, bien persuadé qu'il nous sera répondu.

Nous ne sommes pas partisan de la vénalité; nous l'attaquons franchement, loyalement, et nous ne cesserons de la poursuivre tant que nous n'aurons pas obtenu son abolition pleine et entière.

Nous en demandons pardon à ceux de nos amis que cette mesure, de toute justice, pourra froisser dans leurs intérêts privés; c'est un malheur dont nous les plaignons; mais, en achetant leurs charges, ils n'ignoraient pas qu'un jour viendrait où ils ne pourraient plus les vendre; les événements ont marché plus vite que leurs prévisions; la tourmente les a surpris sur son passage : c'est un malheur, nous le répétons; mais le malheur de quelques-uns ne saurait empêcher que justice ne soit rendue à tous.

§ I.

Une ère nouvelle commence pour la France. La
république, que nous avons tous plus ou moins aidé
à proclamer, a écrit sur son drapeau, comme sym-
bole de l'avenir, ces trois mots : *Liberté, Égalité,
Fraternité.*

Liberté pour tous et au profit de tous, sans limite
comme sans exception, et surtout liberté professionnelle ; car celle-là est aussi sainte que la liberté
de conscience, aussi précieuse que la liberté indi-
viduelle ; c'est la liberté du travail, c'est-à-dire la
liberté de vivre, de manger.

Égalité, fraternité ; conséquemment abolition complète, absolue des priviléges de toute sorte, soit qu'ils
s'appliquent aux personnes, soit qu'ils s'appliquent
aux choses ; soit qu'ils émanent de la naissance, soit

qu'ils résultent de l'usurpation et d'une fausse inter-prétation des lois.

Je dis plus : de même que Louis XVIII datait son règne de la mort du dauphin fils de Louis XVI, de même aussi la république de 1848 doit dater le sien de notre grande émancipation politique proclamée il y a soixante ans ; et si aux lois de justice et d'égalité rendues à cette époque ont été substituées, depuis, des lois attentatoires à cette sainte égalité qui devait servir de base au nouveau pacte social des Français, ces lois ont été abolies par le fait même de notre régénération politique ; en droit, dans ma pensée, 1848 se lie intimement à 1791, et rien ne les sépare.

Proclamons-le donc hautement, et efforçons-nous de détruire, de nos mœurs, comme de nos lois, comme de notre organisation politique et sociale, tous priviléges, quels qu'ils soient ; car ce sont des usurpations flagrantes par un petit nombre de la propriété de tous ; ce sont des spoliations consacrées par l'usage, transmises par l'héritage, et qui, grâce à la complicité de gouvernements qui ne reposaient eux-mêmes que sur l'usurpation et sur le privilége, ont permis aux spoliateurs et à leurs ayants droit, de jouir impunément, depuis bientôt un demi siècle, des positions exceptionnelles qu'ils se sont faites aux dépens de leurs concitoyens.

Le lecteur a déjà compris que nous attaquons la vénalité des charges comme de tous les priviléges le plus odieux, le plus anti-social, et que nous allons réclamer son abolition entière, complète, immédiate.

En présence des principes d'équité et de justice qui doivent désormais nous régir, le gouvernement ne saurait hésiter. L'homme, a dit Canning, qui prétend faire beaucoup de bien sans qu'il en résulte quelque mal, n'est pas l'homme des circonstances difficiles. Ce que Canning a dit des hommes nous le disons des gouvernements; un gouvernement puissant et fort voit le but et marche devant lui. Et d'ailleurs, dans la question qui nous occupe, le gouvernement n'a à s'arrêter devant aucune considération de personnes. On reprend son bien où on le trouve, a dit un vieil adage. Le gouvernement est dans ce cas : la fortune publique a été odieusement spoliée ; tant pis pour ceux qui, même de bonne foi, ont acquis des premiers spoliateurs. La bonne foi n'établit pas le droit.

Si nous écrivions pour écrire, nous ferions étalage d'érudition et nous raconterions l'origine et la création des charges judiciaires ; nous exposerions ensuite comment, pour remplir leurs trésors vides, certains rois de France aliénèrent le plus précieux de leurs droits (alors il n'était question ni des peuples, ni de leurs libertés), le droit de nommer aux offices et aux charges de la magistrature ; car en vendant ces charges, qui devinrent ainsi des propriétés patrimoniales, ils les rendirent transmissibles, non-seulement par voie d'héritage, mais encore par voie de vente et de cession.

Ces rois, du moins, s'ils aliénèrent une à une les prérogatives de leur couronne, ils en touchèrent le prix ; ceux qui les possédèrent ensuite furent des acquéreurs sérieux, légitimes, non des spoliateurs. Ils avaient payé ; en reprenant sa chose, l'Etat devait leur en rendre la valeur. Aussi la loi de 1791 consacra-t-elle à leur profit le principe de l'indemnité ; tandis que les possesseurs premiers des charges actuelles, ceux qui les ont vendues aux titulaires présents, les ont obtenues à titre gratuit ; et certes nul n'osera contester que si l'Etat n'a rien reçu au moment où il a nommé à ces charges,

il ne doit rien payer au moment où, les reconnais-
sant abusives, il les fait rentrer dans le domaine
public, d'où elles n'auraient jamais dû sortir.

L'assemblée constituante s'était imposé une rude
et difficile tâche, celle de la régénération sociale
de notre pays ; au règne du privilége et de l'exception elle dut substituer le règne de l'égalité et
du droit commun : abolition des priviléges, telle
fut sa devise, et nous devons le reconnaître à sa
louange, elle sut noblement s'y conformer ; tenant
la pioche d'une main, le niveau de l'autre, elle
sapa jusqu'à sa base l'ancien ordre de choses, et
lorsqu'elle eut déblayé le terrain, qu'elle eut fait
table rase, elle travailla avec ardeur à la réédifi-
cation nouvelle.

De 1791 à 1816, les offices ministériels ont subi
bien des transformations. Nous ne les suivrons pas
dans leurs diverses phases. Si nous avons peu de
temps pour écrire, ceux auxquels nous nous adres-
sons en ont moins encore pour nous lire. Nous
nous renfermerons donc sévèrement dans notre sujet : *la vénalité des charges, son illégalité en
droit, les abus odieux qui en ont toujours été la
conséquence.*

Nous aurons conséquemment quatre choses à démontrer :

La première : qu'avant de se déterminer à abolir la vénalité des charges en 1791, l'assemblée constituante avait reconnu que son existence était immorale, attentatoire aux principes de l'égalité proclamés par la constitution, contraire aux intérêts de tous et de chacun.

La seconde : que cette vénalité n'a jamais été rétablie en droit ; que les lois sur lesquelles s'appuient ses partisans ne sont que des lois fiscales, qui n'ont pu préjuger la question du fond, et que l'intention de le faire n'a jamais existé dans la pensée du législateur, ainsi qu'il nous sera facile de l'établir, soit par le texte même des lois, soit par leur exposé des motifs au moment où elles ont été présentées par le pouvoir, discutées et votées par les chambres, soit enfin par l'interprétation qui en a été faite depuis leur promulgation par les organes du gouvernement lui-même.

La troisième : qu'ayant concédé gratuitement, l'État peut et doit reprendre gratuitement, et que le principe de l'indemnité, s'il était consacré, serait une dilapidation manifeste de la fortune de tous au profit et dans l'intérêt de quelques-uns.

La quatrième enfin : que cette abolition est nécessaire, indispensable, non pas dans un avenir plus ou moins éloigné, mais immédiatement, demain, aujourd'hui, si c'est possible ; et nous citerons à l'appui de notre opinion des faits nombreux démontrant l'injustice criante de l'état actuel des choses, et le besoin urgent de le faire cesser au plus tôt.

§ II.

Nous avons dit qu'en abolissant la vénalité des charges, en 1791, l'assemblée constituante avait reconnu que son existence était immorale, attentatoire aux principes de l'égalité proclamée par la constitution, contraire aux intérêts de tous et de chacun. Nous l'allons prouver; et, pour établir ces preuves, nous invoquerons, non pas des raisonnements, des inductions; mais des faits et, chacun le sait, la logique des faits est inexorable.

Certes, la vénalité des charges contribua toujours puissamment aux envahissements du pouvoir absolu. Dans tous les temps, la puissance et l'argent, ces deux souverains maîtres du monde qui vient de crouler, se tendirent la main et se liguèrent contre le mérite pauvre et impuissant. Il était naturel que des rois qui étaient parvenus progressivement à faire dire par l'un d'eux : « l'État c'est moi, » créassent sans cesse de nouveaux priviléges, consolidassent les anciens et s'appuyassent sur des armées de privilégiés à l'intérieur, comme au dehors ils s'appuyaient sur des armées de soldats.

Cependant il advint un jour qu'à force de grandir, priviléges et privilégiés firent ombrage à l'autorité royale. Les parlements osèrent se lever en face de la royauté, contrôlèrent ses actes, refusèrent d'enregistrer ses édits. Parfaitement indifférents au sort du peuple dont ils aidaient à dévorer les sueurs, ils invoquèrent cependant son nom et s'en firent une arme puissante ; car, disons-le en passant, toujours le peuple fut un instrument passif dans les mains des ambitieux qui se disputèrent le pouvoir ; disons-le encore, de cette lutte des parlements contre la royauté, sortirent les premiers jets de lumière qui devaient, plus tard, éclairer le monde et faire proclamer ces grandes vérités qui serviront bientôt de base au droit social de toutes les nations.

Richelieu fut le plus terrible champion de l'autorité royale ; il voulut qu'elle absorbât toutes les autres, et jeta les fondements de cette grande centralisation politique et administrative dont Napoléon posa, deux siècles plus tard, la dernière pierre. Les ordres de judicature devaient nécessairement être l'objet de ses attaques : ils le furent. Et pourtant ce même Richelieu, dont la main de fer parvint à briser la noblesse féodale, demeura impuissant contre la noblesse de robe ; tant cette dernière avait poussé de profondes racines dans notre pays, tant elle avait su se concilier de graves intérêts. C'est qu'alors, notons-le bien, elle parlait au nom du peuple, dont elle s'était déclarée le champion officieux, tandis que son adversaire ne parlait qu'au nom du roi, dont le peuple pressentait dès lors le besoin de se séparer.

Nous l'avons déjà dit, les parlements jouaient alors la comédie et ils se servirent du peuple comme d'un levier. Mais lorsqu'ils eurent dompté l'autorité royale au moyen de ce levier puissant, ils brisèrent leur instrument et ne connurent plus de bornes à leur ambition : peuple et rois tombèrent également sous leur dépendance. Les prodigalités et les débauches des deux derniers règnes de l'ancienne monarchie aidèrent encore à consolider leur despotisme et semblèrent l'avoir assis sur des fondements désormais inébranlables.

Telle fut la conduite des grandes compagnies judiciaires ; il était naturel que leurs officiers, depuis le plus éminent jusqu'au plus infime, se dirigeassent d'après les mêmes principes. La robe devint alors la maîtresse souveraine de la France, et sa tyrannie fut mille fois plus odieuse, plus insupportable que ne l'avait été celle de l'épée. Cela se comprend, du reste : chez l'homme de guerre il y a par fois emportement, violence ; mais toujours générosité, loyauté ; tandis que, par le fait même de sa profession, le robin est essentiellement avide, rapace, froid et impitoyable.

Certes, lorsque éclata notre grande révolution, un semblable état de choses devait disparaître aussitôt : il y allait de l'ordre dans les finances, de la probité dans les transactions, de la sécurité dans les fortunes.

Aussi, dès 1789, l'assemblée nationale décidat-elle que les charges de judicature ancienne seraient supprimées ; et comme, après tout, elles avaient été achetées et payées en beaux et bons deniers par leurs premiers possesseurs, elle admit le principe d'une indemnité en faveur des titulaires dépossédés.

Et en attendant que le législateur pût statuer définitivement sur ces questions dont l'assemblée se contentait en ce moment de consacrer le principe, elle ordonna provisoirement, par un décret, que la substitution de nouveaux titulaires aux titulaires anciens ne pourrait avoir lieu désormais qu'en vertu d'actes du pouvoir législatif, sanctionnés par le roi.

Ce n'étaient là, on le voit, que des mesures d'ordre, précurseurs immédiats de la grande réforme qui devait, peu de mois après, prononcer leur suppression et régler les conditions du remboursement de leur valeur.

Cependant, les justiciables, auxquels on avait promis leur affranchissement de ces odieuses entraves, s'impatientaient; les injustices et les abus qu'ils avaient supportés jusque là sans se plaindre, leur semblaient d'autant plus criants, qu'ils les croyaient plus près de finir. De leur côté, la plupart des titulaires des offices, dont la position était devenue fausse et compromettante, demandaient qu'il fût statué sur leur sort; et, prêts à résigner leurs fonctions, ils acceptaient l'indemnité qu'on leur avait promise.

En présence de tant de réclamations, il y avait donc urgence pour l'assemblée nationale de prendre un parti.

Dans sa séance du 24 mars 1790, elle décréta que l'ordre judiciaire serait reconstitué tout entier sur de nouvelles bases; en même temps elle institua un comité de judicature chargé de préparer le travail de cette reconstitution.

En effet, neuf mois après, vers le milieu de décembre, un rapport fut présenté à l'assemblée au nom du comité, et la discussion commença aussitôt.

La lecture de ce rapport, dans lequel la question fut profondément étudiée, occupa les séances des 13, 14 et 15 décembre. Il conclut à l'abolition pure et simple de la vénalité des charges.

Le rapporteur, M. Dinacheau, commença par féliciter l'assemblée d'avoir supprimé les grands corps de judicature, dont la masse imposante (nous citons ses paroles), pouvait, dans l'ordre politique, peser sur la liberté des peuples; mais la suppression des procureurs des bailliages et des sénéchaussées, celle des notaires et des huissiers royaux n'avaient point encore été prononcées, et c'étaient ces suppressions qu'il venait, disait-il, demander au pouvoir législatif d'ordonner.

Exposant ensuite les motifs de cette mesure si impérieusement réclamée par les circonstances : « Voici, « ajouta-t-il, les considérations sur lesquelles nous « avons cru pouvoir appuyer le décret que nous « vous proposons de rendre :

« Au milieu de tant de suppressions, les officiers « ministériels resteraient-ils seuls ? Dans un nouvel « ordre de choses, il faut des officiers ministériels « revêtus d'un nouveau caractère. Sans cela, tous « les vices de l'ancien régime corrompraient les éta- « blissements constitutionnels que vous avez créés : « vous n'avez pas voulu simplement réparer, vous « avez voulu reconstituer l'ordre judiciaire ; or, en « faisant cette reconstitution intégrale, vous ne pou- « vez laisser subsister aucune partie de l'ancien édi- « fice.

« Rappelez-vous que vous avez aboli le régime « féodal ; que vous avez rendu aux parties le droit na- « turel de se défendre elles-mêmes, soit verbalement, « soit par écrit. »

Tout en proclamant le principe de la défense personnelle comme le plus rationnel, le plus vrai, le comité crut cependant qu'il serait bon d'établir des intermédiaires, hommes de probité et de talents, qui seraient spécialement chargés d'assister les parties lorsqu'elles ne se croiraient pas en état de se défendre elles-mêmes. Entendons encore le rapporteur développer ses motifs :

« Cependant, dit-il, nous avons trouvé dans la
« nature même des choses, dans les grands principes
« des nations libres, dans l'utilité publique, dans le
« droit imprescriptible du talent et du courage, qu'il
« fallait donner à la liberté de la défense une plus
« grande latitude. Sous une constitution bienfai-
« sante et dont les maximes fraternelles rapprochent
« tous les hommes, les relations d'intérêt et de con-
« fiance doivent encore resserrer ces liens, il n'est pas
« un seul d'entre eux qui n'ait le droit de défendre
« un autre citoyen. Ce patronage, connu chez les
« Romains, prit sa source dans les fondements mêmes
« de la société. Heureux celui que la nature et le
« travail ont destiné à devenir le protecteur de ses
« semblables et à exercer le plus noble des mi-
« nistères. Tels seront les *défenseurs officieux*. Leurs
« fonctions étant essentiellement GRATUITES aux

« yeux de la loi, ils ne pourront rien exiger, ni ré-
« clamer aucune taxe pour le prix de leurs soins. »

On le voit, si le comité de judicature réclamait par l'organe de son rapporteur la conservation d'intermédiaires entre le plaideur et ses juges, il ne voulait pourtant ni des *procureurs* de l'ancien régime, ni des *avoués* du nouveau; car les fonctions de ces messieurs n'ont malheureusement jamais été ni *officieuses*, ni *gratuites*.

Après avoir proposé la création de ces nouvelles fonctions, le rapport s'occupe des hommes parmi lesquels devront être choisis les fonctionnaires appelés à les remplir, et il indique les titulaires dépossédés comme devant obtenir la préférence :

« Les anciens juges, les officiers ministériels des
« cours et bailliages supprimés, les avocats exerçant
« publiquement leur fonctions etc. etc., seront pré-
« férés. Ces dernières dispositions s'appliquent aux
« huissiers. »

Elle furent appliquées également aux notaires dans la suite.

Mais le rapport ajoute :

« Par cet ordre réellement constitutionnel, les of-
« ficiers ministériels trouveront des ressources avan-

« tageuses : *après avoir été expropriés par une*
« *nécessité légale, ils seront choisis et pourvus de*
« *nouveau à titre* GRATUIT. » Nous insistons sur ces
mots : *ils seront choisis et pourvus à titre* GRATUIT.
En présence d'expressions aussi formelles, et à moins
qu'il n'ait renoncé au libre exercice de sa raison,
peut-il entrer dans la pensée de qui que ce soit *qu'a-*
près avoir pourvu les officiers ministériels A TITRE GRA-
TUIT, le législateur de 91 ait voulu leur accorder la
faculté de vendre leurs offices ; c'est-à-dire de rétablir, de leur autorité privée et à leur profit individuel,
cette même vénalité des charges que, par une grande
mesure d'ordre et de justice, il avait crû devoir abolir ?

S'il pouvait y avoir le moindre doute à cet égard,
ce qui suit achèverait de le détruire ; écoutons encore
le rapporteur : il explique les conditions du remplacement des premiers titulaires et la manière dont ce
remplacement pourra avoir lieu.

« Après ces premières nominations, ajoute M. Di-
« nacheau, les places vacantes ultérieurement, soit
« parmi les hommes de loi (dont on a fait les avoués
« depuis), soit parmi les notaires, soit parmi les huis-
« siers, seront remplies au concours : trois juges du

« tribunal et deux hommes de loi seront les juges
« du concours de capacité pour les hommes de loi, et
« examineront trois des candidats prétendant à
« chaque place vacante. Leurs voix seront recueillies
« au scrutin, et la majorité absolue décidera seule de
« l'admission du sujet qui paraîtra le plus capable.
« Un juge et deux hommes de loi seront les juges du
« concours des huissiers; un notaire sera associé
« avec un homme de loi et trois juges pour exa-
« miner les notaires. Ainsi, par une sage combinaison
« dans le choix des juges du concours, ils exerceront
« les uns sur les autres une surveillance que l'ému-
« lation rendra plus active; la publicité de ces actes
« garantira l'impartialité de ces jugements, et la pré-
« férence obtenue par le candidat sur ses concurrents
« sera son premier titre à la confiance de ses con-
« citoyens.

Le rapport concluait encore à ce que tous droits
de suite, toute attribution et tous privilèges attachés
à quelques offices demeurassent supprimés dès ce
moment. *Ces abus créés par la fiscalité,* y était-il dit,
ne pouvant être trop tôt détruits.

Lors de la discussion, M. Prugnon parla en faveur
de la vénalité : il faut, dit-il, que les officiers minis-

tériels puissent répondre des titres qu'on leur *confie*, *par la valeur de leurs offices*, comme si le cautionnement ne présentait pas une garantie suffisante à cet égard.

Robespierre lui répliqua; et beaucoup plus large dans ses idées que la commission elle-même, il repoussa l'institution des hommes de loi, appelés à servir d'intermédiaire entre le plaideur et les juges.

« A qui appartient le droit de défendre les intérêts
« des citoyens, s'écria-t-il? aux citoyens eux-mêmes
« ou à ceux en qui ils ont placé leur confiance; ce
« droit est fondé sur les premiers principes de la
« raison et de la justice; il n'est autre que le droit
« essentiel et imprescriptible de la défense naturelle.
« S'il ne m'est pas permis de défendre mon honneur,
« ma vie, ma liberté, ma fortune, par moi-même
« quand je le veux et quand je le puis, et dans le cas
« ou je n'en ai pas les moyens, par l'organe de celui
« que je regarde comme le plus éclairé, le plus ver-
« tueux, le plus humain, le plus attaché à mes inté-
« rêts; si vous me forcez à les livrer à une certaine
« classe d'individus que d'autres auront désignés,
« alors vous violez à la fois cette loi sacrée de la na-
« ture et de la justice et toutes les notions de l'ordre

« social, qui, en dernière analyse, ne peut reposer
« que sur elles. »

Robespierre avait raison.

Dans l'ancien ordre des choses, comme dans le
nouveau, il avait fallu donner à la demande une existence, une date certaine et authentique, et les huissiers avaient été institués.

Il avait fallu aussi créer des machines à procédures
pour formuler les requêtes, communiquer les pièces,
faire fixer les audiences, mettre en un mot la cause
en état, et l'ordre des procureurs avait surgi.

Mais la défense du moins avait toujours été libre ; et
à celui qui n'avait pu la présenter lui-même, on n'a-
vait pas imposé de force un avocat revêtu d'un privilége exclusif.

Le projet nouveau, au contraire, concentrant dans
l'homme de loi la double fonction du procureur et de
l'avocat, rendait l'intervention de ce dernier obliga-
toire et enlevait ainsi à la défense la liberté du choix
de son défenseur.

L'institution des hommes de loi imposés et obliga-
toires subsiste encore aujourd'hui au conseil d'état et
à la cour de cassation, malgré sa violation flagrante
de tous les principes du juste et du vrai ; tant sont

difficiles à déraciner les abus alors qu'ils sont parvenus à s'implanter dans les lois d'un pays. Dans la continuation de la discussion, quelques membres revinrent encore sur la question de vénalité et d'hérédité qu'ils s'efforcèrent, ne pouvant la faire décider à leur point de vue, de laisser du moins dans l'indécis et dans le vague.

Mais M. Dumetz se leva et demanda que la proposition fût formulée d'une manière formelle et positive.

Peut-il exister oui ou non, dit-il, dans la constitution, des offices vénaux et héréditaires?

Enfin, le 15 décembre, après de longs et solennels débats auxquels prirent part successivement Mirabeau, Regnaut de Saint-Jean d'Angely, et la plupart des orateurs de l'assemblée, cette grande mesure fut adoptée.

L'assemblée nationale vota *la suppression de la vénalité et de l'hérédité des offices ministériels.*

Le lendemain, sur la proposition de M. Camus, une commission fut chargée de procéder à la liquidation :

« Des finances, des offices de judicature et autres,
« dont le remboursement a été, dit la proposition,

« ou sera ordonné par l'assemblée nationale. »

La discussion continua ensuite sur ce point : Devra-t-il y avoir des procureurs à l'avenir?

M. Freteau demanda qu'on n'apportât aucune entrave à la liberté de la défense, et il invoqua, comme argument, l'ordonnance de 1667, qui dispensait les parties de l'intermédiaire des défenseurs devant les tribunaux consulaires et devant les tribunaux criminels, et qui même, en matière ordinaire, ne les exigeait impérativement que pour les demandes au-dessus de cent pistoles, c'est-à-dire de quatre à cinq mille francs de notre monnaie actuelle.

Mais, sur l'insistance de M. Tronchet, l'assemblée adopta la disposition suivante, qui consacra le principe de l'existence des avoués :

« Il y aura près des tribunaux, des officiers minis-
« tériels ou *avoués*, dont la fonction sera exclusive-
« ment de représenter les parties, d'être chargés et
« responsables des titres et pièces des parties, de faire
« tous les actes de forme nécessaires pour la régula-
« rité de la procédure et mettre l'affaire en état.

« Ces avoués pourront même défendre les parties,
« soit verbalement, soit par écrit, pourvu qu'ils y
« soient expressément autorisés par les parties, les-

« quelles auront toujours le droit de se défendre el-
« les-mêmes verbalement ou par écrit, ou d'employer
« le ministère d'un défenseur officieux, pour leur
« défense soit verbale, soit par écrit. »

Ainsi fut institué le corps des avoués ; mais leur
nombre ne fut point limité. Celui des avoués de
Paris fut fixé par la loi du 19 mars 1808 ; il fut seulement apporté à leur établissement les restrictions
suivantes :

1° Qu'aucun avoué ne pourrait exercer en même
temps ses fonctions près de plusieurs tribunaux, à
moins que ces tribunaux ne fussent établis dans la
même ville.

2° Que tous juges, avocats ou procureurs qui
voudraient exercer les fonctions d'avoués seraient
tenus de faire leur déclaration dans le lieu et la situation du tribunal près duquel ils voudraient exercer.

Leurs charges leur furent donc bien véritablement
données, puisqu'on n'exigea d'eux aucune autre condition que celle de leur inscription, et que tous juges,
procureurs ou avocats purent indistinctement se présenter pour les remplir.

Dans la même séance, il fut demandé par M. Lanjuinais que les avoués fussent tenus de fournir un cautionnement de 6,000 livres, demande qui, sur la proposition de M. Regnaut de Saint-Jean d'Angely, fut ajournée et renvoyée devant le comité pour en fixer le chiffre.

On le voit encore, au moment de leur institution, on reconnut la nécessité du cautionnement à imposer aux avoués ; et ce cautionnement exigé, puis augmenté plus tard, ne saurait servir d'argument pour appuyer à leur profit le principe de la vénalité de leurs offices.

L'institution des huissiers fut ordonnée et réglée par la même loi.

Au milieu de ce grand remaniement de notre système judiciaire, le notariat résista le dernier. C'est, dit Frochot, rapporteur au nom des comités de constitution et de judicature, que, de toutes, son institution était la moins vicieuse.

Cependant, le 15 septembre, sur la proposition de ce même Frochot, l'assemblée vota un premier décret portant :

« Article 1er. La vénalité et l'hérédité des offices de « notaires et tabellions royaux, et ceux connus sous

« le nom de clercs ou notaires aux inventaires, sont
« abolis.

« Article 2. Les offices des notaires ou tabellions
« authentiques, apostoliques, seigneuriaux, et tous
« autres officiers du même genre, sous quelque déno-
« mination qu'ils existent, sont supprimés.

Un deuxième décret, rendu le même jour, recon-
stitua le notariat sur de nouvelles bases.

Il portait :

« Article 1er. Il sera établi dans tout le royaume des
« fonctionnaires publics chargés de recevoir les actes
« extra-judiciaires et volontaires qui sont actuellement
« du ressort des notaires royaux et autres, et de leur
« donner le caractère d'authenticité attaché aux actes
« publics.

« Art. 2. — Ces fonctionnaires porteront le nom de
« notaires publics; ils seront institués à vie et ils ne
« pourront être destitués que pour cause de prévari-
« cation préalablement jugée.

Ainsi fut renversé de fond en comble l'ordre judiciaire tout entier. Ce ne furent pas seulement les
grandes compagnies, mais les tribunaux de toutes les
juridictions, de tous les degrés, qui reçurent une
institution nouvelle. La féodalité les avait créés; la

liberté les renversa pour les recréer de nouveau sur des bases plus conformes à son principe.

Tous nos lecteurs connaissaient l'article de la loi de 1791 qui abolit la vénalité des anciens offices; il ne pouvait y avoir à cet égard de doute pour personne. Cet article est clair est précis; mais ce n'était pas assez, et nous avons voulu, en rappelant les débats auxquels cette importante décision donna lieu dans l'assemblée constituante, en citant des autorités telles que, Tronchet, Mirabeau, Regnaut de Saint-Jean d'Angely, Robespierre, prouver sans réplique, non pas l'abolition, en 1791, de la vénalité et de l'hérédité des charges, c'est là un fait que nul ne conteste; mais que cette grande mesure d'ordre public fut provoquée par une nécessité impérieuse, pour faire cesser des abus criants.

Nous avons voulu prouver surtout, et nous l'avons fait les textes à la main, que les législateurs de 1791 en abolissant la vénalité des charges, en en remboursant le prix aux anciens titulaires et en les instituant de nouveau *à titre gratuit*, n'ont jamais eu l'intention de rétablir cette même vénalité; qu'au contraire tout dans leur actes et dans leurs paroles a été une protestation solennelle contre ce rétablissement futur qui leur semblait non-seulement attentatoire aux principes de liberté et d'égalité proclamés par la constitution, mais encore contraire aux intérêts et aux droits de tous les citoyens sans exception.

Reste à examiner si quelques lois, depuis, l'ont rétablie. Il nous sera facile de prouver que non ; nous allons le faire dans le chapitre suivant.

§ III.

Nous nous sommes engagé à prouver, deuxiè-
mement : qu'en droit, la vénalité des charges n'a
jamais été rétablie depuis son abolition en 1791 ;
que les lois sur lesquelles s'appuient ses partisans
ne sont que des lois fiscales, qui n'ont pu préjuger
la question, et que même l'intention de le faire n'est
jamais entrée dans la pensée du législateur, ainsi
qu'il nous est facile de l'établir, soit par le texte
même de ces lois, soit par les exposés des motifs
dont elles ont été précédées, soit enfin par l'interprétation qui en a été faite par les organes du pouvoir après leur promulgation.

Ces lois sont :

1° La loi du budget de 1816, laquelle ordonne

qu'une somme de cinquante millions sera versée au trésor public à titre de supplément des cautionnements par les divers officiers ministériels, et leur accorde, en compensation de ce sacrifice, la faculté de présenter leurs successeurs à la nomination du roi.

2° La loi du budget de 1832 , laquelle frappe d'un droit d'enregistrement de dix pour cent, sur le montant des cautionnements , les contrats portant transmission d'un office par le titulaire au profit d'un tiers.

3° Enfin , la loi du budget de 1841 , laquelle change la base précédemment admise pour la perception de ce droit, et ordonne qu'au lieu d'être fixé sur le chiffre du cautionnement, il sera fixé dorénavant sur le prix même de la cession.

Examinons ces trois lois l'une après l'autre, et voyons jusqu'à quel point elles doivent emporter avec elles les effets qu'on leur attribue.

Mais, avant d'entrer dans la discussion de chacune d'elles , n'oublions pas que les lois qu'on nous oppose sont des lois fiscales , établies purement en vue de la perception de l'impôt, et qu'il est reconnu comme principe en droit constitution-

nel que les lois fiscales ne sauraient en rien in-
firmer ni valider la législation ordinaire. Que veut
le fisc en effet? de l'argent; et pour le faire arriver dans ses coffres, il se fonde non pas sur le
droit, mais sur le fait. Constamment à la recher-
che de quelque nouvelle matière imposable, il la
saisit au passage, sans s'informer ni de ses titres,
ni de son origine. S'inquiéta-t-il jamais de la
régularité des contrats qu'on lui présente à l'enregistrement, et ne l'avons-nous pas vu dans ces
derniers temps assister à des falsifications de denrées, à la condition que les falsificateurs lui paie-
raient les droits sur les denrées falsifiées (1)?

Si les doctrines que nous venons d'exposer pouvaient paraître douteuses à quelques lecteurs, nous
leur citerions les paroles prononcées à la chambre
des députés par M. le garde des sceaux Pasquier,
au nom de la commission du budget, dans la
séance du 24 mars 1816.

(1) Les employés de la régie de Rouen ont perçu d'un
seul marchand, pendant la seule année de 1845, le droit
de vente sur près de 500 hectolitres d'eau vendus pour du
vin; ils ont assisté à l'opération pour constater le mélange
et s'assurer des quantités.

Un membre avait proposé un amendement qui changeait l'économie d'une loi existante ; M. Pasquier s'éleva avec force contre cette prétention exorbitante.

« Les commissaires du roi pensent, dit-il, que
« la chambre a le droit incontestable de faire des
« amendements aux projets présentés. Mais s'agit-il
« ici d'amendement, et peut-on appeler amende-
« ment le changement absolu d'une loi existante,
« et dont l'existence n'est point soumise par le
« roi à la délibération de la chambre ? Combien
« ne seraient pas effrayantes les conséquences du
« système suivi à cet égard par la commission !
« quel serait le sort de l'Etat, de l'administration
« de l'Etat, si, chaque année, chaque budget
« venait remettre en question la législation exis-
« tante ? Tout ce qui existe en administration ci-
« vile, militaire, judiciaire, est plus ou moins
« une occasion de dépense et d'emploi d'argent.
« Où en serait-on si, chaque année, la législation
« était mise en problème lors de la discussion du
« budget ? »

M. Pasquier avait d'autant plus raison que la charte de 1815 réservait au roi l'initiative de la présentation des lois, et que, si la chambre eût pu, par voie d'amendement aux budgets qui lui étaient présentés, faire mettre en discussion les lois générales du pays, elle eût usurpé, sur la prérogative royale, le droit d'initiative qui lui était attribué par la constitution d'une manière exclusive

LOI DU BUDGET DE 1816.

Le grand argument des partisans de la vénalité des charges a pour fondement l'article 91 de la loi du budget rendue le 28 avril 1816. Cet article est ainsi conçu :

« Les avocats à la cour de cassation, notaires,
« avoués, greffiers, huissiers, agents de change,

« courtiers, commissaires-priseurs , pourront pré-
« senter à l'agrément de sa majesté des succes-
« seurs, pourvu qu'ils réunissent les qualités exi-
« gées par les lois. Cette faculté n'aura pas lieu
« pour les titulaires destitués.

« Il sera statué, par une loi particulière, sur
« l'exécution de cette disposition et sur les moyens
« d'en faire jouir les héritiers ou ayants cause
« desdits officiers.

« Cette faculté de présenter des successeurs ne
« déroge point, au surplus, au droit de sa majesté
« de réduire le nombre desdits fonctionnaires, no-
« tamment celui des notaires, dans les cas prévus
« par la loi du 25 ventôse an II sur le notariat. »

Cet article était précédé par un autre, nous l'avons
déjà dit, qui ordonnait l'augmentation des cautionnements.

Telle est la loi dont une fausse interprétation a
créé, au préjudice de l'Etat, des propriétés privées
dont la somme s'élève aujourd'hui à plusieurs mil-
liards.

Et cependant que trouve-t-on dans cette loi ?
La faculté pour les titulaires de présenter, *à l'agrément* de sa majesté, des successeurs qui réunissent

les qualités exigées par les lois; mais nullement, remarquons-le bien, *l'obligation* par sa majesté d'agréer ces successeurs, et encore moins, conséquemment, le droit par les titulaires de se faire *payer et de vendre* cette présentation.

Ici, l'intention du législateur est facile à expliquer : il a voulu que le successeur fût d'accord avec celui qu'il remplaçait, parce qu'il devait rester nécessairement des intérêts communs entre eux ; parce qu'en prenant la suite d'un office, il fallait prendre ses minutes et ses dossiers, se substituer conséquemment à une responsabilité qui, aux yeux de ceux qui lui avaient confié leurs titres, ne pesait que sur le titulaire qui les avait reçus; parce qu'enfin le successeur devait opérer ou laisser opérer les recouvrements de son prédécesseur, et que, pour tout cela, il était nécessaire qu'il y eût accord entre eux, conséquemment présentation à sa majesté (1).

(1) Si nous avions besoin d'une preuve à l'appui de l'opinion que nous avançons ici, nous la trouverions dans le texte même de la loi du 25 juin 1841. « Tout traité ou con-« vention, dit cette loi, ayant pour objet la transmission à « titre gratuit ou onéreux, en vertu de l'article 91 de la loi

Ainsi , nous le répétons, de cette faculté de présentation au droit de vente, il y avait loin, et jamais ce droit ne put résulter d'une sage interprétation de la loi. Nous en trouverions la preuve, au besoin, dans l'interdiction faite aux titulaires destitués de désigner leurs successeurs à la nomination du roi.

Si , par son article 91, la loi du 28 avril 1816 avait entendu créer une propriété en faveur des possesseurs d'offices, elle n'eût pas contenu de prohibition contre les titulaires destitués ; car c'eût été, à la destitution, ajouter la confiscation de la valeur de la charge , et chacun sait que, de par la charte, la confiscation a été effacée de nos lois.

Remarquons encore que dans le dernier paragraphe de l'article 91, sur lequel a été fondé, par ses partisans, le droit de vénalité des offices, le roi se réserve la faculté de réduire le nombre de ces offices, et notamment des études de notaires. Or, cette réduc-

« du **28** avril **1816**, d'un office, *de la clientelle, des minutes,*
« *répertoires, recouvrements et autres objets en dépendant,*
« devra être constaté par écrit et enregistré, etc. »

Ce sont donc les objets mobiliers dépendant du titre, mais non le titre lui-même dont l'usage a autorisé la vente, et que la loi a frappé d'un droit d'enregistrement.

tion elle-même n'eût-elle pas été une atteinte au droit de propriété des titulaires, si ce droit eût pu exister jamais?

Le roi aussi se réservait la faculté de créer de nouvelles charges; car l'article 84 relatif à l'augmentation des cautionnements contient le paragraphe suivant :

« A l'égard des cautionnements à fournir pour « des créations de places nouvelles, ou pour des « mutations, ils seront versés en numéraire, avant « l'installation des fonctionnaires. »

Certes, si les offices sont considérés comme la propriété des titulaires, c'est une propriété bien fragile et qui repose sur bien peu de chose, que celle que le roi peut, à volonté, faire disparaître tout à fait en la supprimant, ou rendre sans valeur, en la partageant entre un nombre indéfini de propriétaires.

Enfin le législateur savait tellement qu'il ne pouvait préjuger une question aussi importante, et que l'état des choses qu'il établissait était un état purement provisoire, qu'il se réserva de statuer à cet égard par une loi postérieure.

Or, cette loi postérieure n'a jamais été rendue, jamais même elle n'a été ni proposée, ni discutée. En effet, si, dans un moment de crise financière, alors que le sol était envahi, les coffres du trésor vides, la banqueroute imminente, Louis XVIII fut assez peu soucieux des véritables intérêts du pays pour les sacrifier à la perspective et au besoin d'un emprunt forcé de quelques millions; si, depuis, par une approbation tacite et coupable, les gouvernements qui se sont succédé depuis 1816, ont souvent approuvé, quelquefois même encouragé cet état d'envahissement progressif qui ne tendait rien moins qu'à couvrir la France d'une nouvelle féodalité paperassière, féodalité plus dangereuse, plus tracassière, plus rapace que la féodalité ancienne, Louis XVIII et ses successeurs furent conséquents avec les principes de leurs gouvernements.

La charte de 1815 rétablissait la noblesse; il était donc tout naturel que les institutions qui devaient être les corollaires de cette charte s'efforçassent de rétablir les priviléges sur lesquels s'était appuyée la noblesse d'autrefois. La robe et les robin devaient donc reparaître comme une conséquence fatale de la royauté du droit divin et de la noblesse héréditaire.

Tout le monde sait comment la royauté de 1830 a gardé ses promesses :

Ne pouvant s'appuyer sur l'aristocratie de race qui ne paya ses avances que par le mépris, sentant néanmoins la nécessité d'opposer une digue au peuple dont elle séparait sa cause, elle créa à son profit une aristocratie nouvelle, la plus odieuse de toutes, celle de l'argent; c'est-à-dire l'aristocratie de l'usure, de l'agiotage, de la banqueroute, celle, qu'au dire de Xénophon, Platon avait définie la plutocratie. A ces nouveaux barons de la prime et du coffre-fort, il fallait encore une noblesse de robe, des hommes de loi et des officiers ministériels privilégiés dont les intérêts fussent les leurs, et qui se fissent les instruments aveugles autant que dévoués du vaste système d'accaparement de la fortune publique qu'avaient organisé nos seigneurs et maîtres les banquiers. Dieu sait, en effet, où ils en seraient arrivés avant dix ans, si le 24 février n'était pas venu couper court à leurs spéculations.

D'un autre côté, laissant à l'écart la question de principes et de probité politique, il y avait, nous devons le reconnaître, quelque habileté à des gouvernements qui n'ignoraient pas combien ils étaient antipathiques à l'immense majorité du pays, de s'attacher par le plus fort des liens, l'intérêt personnel, cet immense réseau d'officiers ministériels qui couvraient la France et qui savaient parfaitement qu'à l'existence de ces gouvernements était attachée celle de leurs priviléges.

Aussi, et en raison même de leur habileté, ces gouvernements dont le machiavélisme faisait toute la force, s'étaient bien gardés de faire cesser ce dévouement forcé, en sanctionnant par une loi, loi qui eût été anti-nationale et souverainement injuste, mais enfin qui eût été une loi et eût conféré des droits positifs et précis, un état de choses qui ne reposait que sur des faits et qu'il dépendait de leur volonté de conserver ou de faire cesser aussitôt. Certes, Louis-Philippe n'eut jamais de plus chauds partisans que les officiers ministériels de toutes les sortes, parce que ces officiers ministriels étaient profondément pénétrés de cette vérité, qu'avec Louis-Philippe et sa race s'en iraient les priviléges sur lesquels ils avaient été assez mal avisés pour asseoir leurs fortunes.

Voilà pourquoi la loi promise par le paragraphe de l'article 91 de la loi de 1816 n'a jamais été proposée, ni discutée, ni votée.

Et quant à cette dernière loi, n'oublions pas dans quelles circonstances elle a été rendue, si nous voulons en apprécier parfaitement l'esprit et la pensée :

Lorsque le 23 décembre 1815 le comte Corvetto, ministre des finances, présenta à la chambre des députés le budget de 1816, il tint à peu près ce langage à l'assemblée.

Son discours est trop étendu pour que le texte puisse trouver place ici; nous nous contentons d'en extraire la substance que voici :

« Messieurs, l'État est obéré : outre les besoins ordinaires, un arriéré de près de six cents millions frappe chaque matin à notre porte; de plus, sept cents millions de contributions de guerre nous grèvent; et pour nous contraindre à les payer, nous avons deux cent mille baïonnettes étrangères cantonnées dans nos places de guerre et dans nos provinces.

« Cependant, vous avez consolidé la dette et repoussé la banqueroute, vous avez agi loyalement en cela. Mais ce n'est pas assez que de proclamer qu'on ne veut pas faire banqueroute; la banqueroute n'est pas un principe; c'est un fait, et pour faire cesser ce fait, il faut lui opposer un autre fait : payer.

« Il est donc urgent que nous créions de nouvelles ressources au trésor ; mais comment ? L'emprunt de cent millions n'a répondu qu'imparfaitement à nos espérances. Dans cette extrémité, je viens vous proposer un expédient : avec cinquante millions, nous pouvons parer, pendant quelque temps, aux nécessités de la situation ; votons donc un emprunt forcé de cinquante millions. Mais sur qui pèsera cet emprunt ? sur les officiers ministériels, auxquels nous imposerons l'obligation de le payer sous peine de se voir révoquer de leurs fonctions. Et, comme après tout, il faut qu'un grand État sauve les apparences, nous donnerons à ce nouvel emprunt le nom de supplément aux cautionnements.

« Comme aussi, il faut leur offrir quelque chose en échange de leur argent, nous permettrons aux titulaires des offices de faire ce qu'il font déjà sans notre permission, de présenter leurs successeurs à l'agrément de sa majesté, laquelle majesté sera, bien entendu, libre de les refuser ou de les agréer.

Voici de quelle manière fut présentée cette fameuse

loi de 1816, sur laquelle osent se fonder aujourd'hui de si exorbitantes prétentions.

Mais qu'il soit entré dans la pensée du gouvernement, qu'en échange des cinquante millions qu'il empruntait aux officiers ministériels, il a entendu concéder à ces derniers la propriété de leurs offices et le droit de les vendre, c'est-à-dire rétablir la vénalité des charges abolie par la loi de 91, la seule énonciation de ce fait est absurde. Dans ce cas, ce n'est pas cinquante millions que le gouvernement eût demandé, mais un milliard, et les officiers ministériels se fussent empressés de le lui compter; ils eussent encore triplé leur capital à ce marché.

Puis, quand on vend, le vendeur s'attribue la somme résultant de la vente, il n'en paie pas l'intérêt à l'acquéreur et ne la lui rembourse pas ensuite, lorsqu'il cesse d'user de la chose vendue.

Il n'y a donc eu, par la loi de 1816, ni vente ni concession des offices au profit des titulaires; et si l'administration a toléré l'abus de la transmission vénale de ces charges, elle n'a cessé néanmoins de protester contre le principe et de réclamer contre les abus criants qui commençaient à en résulter.

Dès le 21 février 1817, M. Pasquier, alors garde

des sceaux, adressait la circulaire suivante à tous les parquets de France :

« On se plaint avec raison que le prix des traités «que font les officiers ministériels avec les sujets qui « se proposent de leur succéder excède de beaucoup « la proportion des produits de leur état (1). Les suc- « cesseurs, qui sont souvent des jeunes gens sans « expérience, contractent des engagements dont ils « sentent bientôt toute la dureté. Privés, par ce sur- « croît de charges, de moyens honorables d'existence, « plusieurs cherchent des ressources dans des opé- « rations étrangères à leurs fonctions, et qui com- « promettent leur considération personnelle ; d'au- « tres, et le nombre en est assez grand, ne craignent « pas d'ajouter à leurs profits par des exactions : une « cupidité honteuse remplace tous les jours la modé- « ration et le désintéressement dont ces officiers de- « vraient faire profession. »

« C'est pour mettre un terme à des désordres aussi « déplorables pour la société et dont la preuve est

(1) Cette circulaire est du **21** février **1817** ; que dirait M. Pasquier aujourd'hui que le prix de ces charges a quin- tuplé ?

« consignée dans les plaintes que je reçois, que je
« vous en signale une des principales causes.

« L'usage des traités s'était introduit depuis long-
« temps, sans avoir été autorisé ; on n'y avait aucun
« égard avant la loi du 28 avril 1816, toutes les fois
« qu'il y avait lieu de faire des nominations, le roi
« étant entièrement libre dans son choix. Quelques
« officiers ministériels ont pensé que l'article 91 de
« cette loi avait entièrement changé cet ordre de
« choses, en leur laissant la libre disposition de leur
« état.

« Il est vrai que la loi dont il s'agit donne aux
« avocats à la cour de cassation, notaires, avoués,
« greffiers, huissiers, agents de change, courtiers et
« commissaires-priseurs, la faculté de présenter des
« successeurs à l'agrément de sa majesté ; mais il
« serait déraisonnable de penser que cette mesure
« ne doit pas être subordonnée à des règles d'ordre
« public.

« Il vous appartient, monsieur le procureur du
« roi, de prévenir, dans votre ressort, les abus qui
« pourraient résulter d'une fausse interprétation de
« la loi du 28 avril 1816. *Vous êtes sans doute bien*
« *convaincu qu'elle n'a pas fait revivre la vénalité des*

« *offices, qui n'est pas en harmonie avec nos institu-*
« *tions.* Vous ne devez donc voir dans les dispositions
« de l'article 91 *qu'une condescendance, qu'une pro-*
« *babilité de préférence* accordée aux officiers minis-
« tériels, comme un dédommagement pour les sup-
« pléments de cautionnements exigés d'eux ; dédom-
« magement qui étant susceptible d'une évaluation,
« doit être circonscrit, pour l'avantage qu'ils peuvent
« en tirer, dans des limites qu'il ne leur est pas per-
« mis de dépasser »

Et plus loin :

« Les titulaires d'offices ne doivent pas perdre de
« vue que le droit de destitution pure et simple est
« complétement réservé au roi. »

Cette circulaire n'a pas besoin d'interprétation ;
elle dit tout ce qu'elle veut dire, tout ce que nous
avons voulu dire nous-même, à savoir : que le législateur de 1816 n'a pas eu l'intention de *faire revivre
la vénalité des charges, qui n'est pas en rapport avec
nos institutions.*

Certes, s'il est une autorité qui puisse faire foi à
tous les yeux, entraîner toutes les convictions, même
les plus intéressées et les plus récalcitrantes, expliquer
sans réplique, en un mot, les intentions du légis-

lateur, c'est le législateur lui-même; or, M Pasquier, ce même garde des sceaux qui dit qu'il n'est point entré dans l'esprit, pas plus que dans le texte de la loi de 1816, *de faire revivre la vénalité des charges,* est le même qui a soutenu cette loi devant les chambres, comme commissaire du gouvernement, le même qui l'a contresignée ensuite comme ministre de la justice. Cette loi a donc été son ouvrage, et nul mieux que lui ne saurait lui donner une interprétation juste et vraie.

Donc, la loi de 1816 n'a pas rétabli la vénalité des charges.

LOI DE 1832.

Si, bien que sans titres ni qualité, je vends la maison de mon voisin, et que le contrat de vente tombe dans les mains d'un agent du fisc, que fera ce dernier ?

Examinera-t-il si le contrat est valable, ou non ? Pas le moins du monde ; ceci n'est pas son affaire.

S'opposera-t-il à son exécution ou tout au moins avertira-t-il mon acquéreur que je le vole ? Bien moins encore. Les loups ne se mangent pas entre eux, et entre voleurs on s'aide au lieu de se nuire.

Le fisc n'élèvera donc pas la moindre objection contre le contrat qui sera intervenu entre mon acquereur et moi ; mais il dira : une vente existe, valable ou non, peu m'importe ; toute vente est passible d'un droit d'enregistrement ; je demande que ce droit me soit payé ; payez donc d'abord, vous discuterez ensuite.

Voilà ce que dira le fisc en toute circonstance ; voilà ce qu'il a dit en 1832.

Un fait existait alors, fait palpable, connu de tous, apprécié par tous : des officiers ministériels vendaient leurs offices ; de quel droit ? en vertu de quelle loi ? Je le répète, le fisc n'avait pas à l'examiner. Une vente avait lieu : le prix en était payé ; il y avait transmission d'un droit, droit contestable il est vrai et reposant sur l'usurpation et la spoliation, mais transmission positive, réelle. Cette transmission donnait ouverture à la perception d'un droit d'enregistrement ; le fisc a réclamé ce droit, une loi du budget l'a ordonnée, et tout s'est terminé là.

Mais qu'il soit résulté de là, en faveur de qui que ce soit, la consécration quelconque d'un droit de propriété sur l'objet frappé du nouvel impôt ; que ce que n'a pu, ni dû, ni voulu faire la loi de 1816, la loi de 1832 l'ait fait, voilà ce que nous nions de la manière la plus positive et ce qu'il nous est excessivement facile de démontrer.

En effet, pour juger de la portée d'une loi et de ses effets, sur quoi se fonde-t-on ? Sur son texte d'abord, sur ses motifs ensuite et sur son interprétation.

Examinons le texte de la loi de 1832 ; qu'y trouvons-nous ?

Nous trouvons dans le budget des recettes voté le 21 avril 1832, un article 34 ainsi conçu :

« Les ordonnances portant nomination des avo-
« cats à la cour de cassation, notaires, avoués, gref-
« fiers, huissiers, agents de change, courtiers et
« commissaires-priseurs, seront assujetties, à comp-
« ter du jour de la promulgation de la présente loi,

« à un droit d'enregistrement de dix pour cent sur
« le montant du cautionnement attaché à la fonction
« ou à l'emploi. »

Y a-t-il dans tout cela un seul mot qui dise que la
vénalité des charges, abolie par la loi de 1791, est
rétablie par celle de 1832? J'avoue pour mon compte
que je ne le vois pas.

Mais, abjecte-t-on, du moment où vous percevez
un droit sur la vente des offices, vous autorisez cette
vente.

A cela je réponds pour la cinq ou sixième fois : le
fisc accepte les faits, mais ni il ne les autorise, ni il
ne les valide; bien moins encore il en garantit les
conséquences, alors surtout que ces conséquences
ne tendraient à rien moins qu'à détruire les lois fon-
dementales du pays.

Pour déroger à une loi d'ordre public aussi solen-
nellement proclamée que la loi de 1791, il ne faudrait
pas une loi fiscale, il faudrait une loi formelle, positive. Les lois d'ordre public et d'intérêt constitutionnel ne s'abrogent pas par des inductions, il faut des
textes précis et surtout l'intention bien prononcée du
législateur d'avoir voulu les abroger.

Or, ce texte, nous ne le voyons pas dans la loi de

1832 : quant à l'intention du législateur nous allons mettre le lecteur à même de l'apprécier.

M. Humann, rapporteur de la commission du budget, lut son rapport à la chambre des députés dans la séance du 3 février 1832. On remarque dans ce rapport le paragraphe suivant :

« Nous vous proposons, de plus, de soumettre à un
« droit d'enregistrement certains offices ; voici mes
« motifs : La loi du 28 avril 1816, en donnant à
« certains fonctionnaires ou officiers ministériels la
« faculté de présenter leurs successeurs, a créé entre
« leurs mains et à leur profit une nouvelle propriété
« transmissible qui n'a été assujettie jusqu'à présent
« à aucune espèce d'impôt. »

Et c'est sur ce passage du rapport, passage qui ne saurait être que l'expression de la pensée personnelle du rapporteur, ou tout au plus de la majorité dans la commission du budget, qu'on se fonde pour donner à la loi de 1832 une interprétation qu'elle ne saurait avoir.

Et alors tous les officiers ministériels ont crié victoire ; ils ont vu dans ces quelques paroles d'un rapporteur la consécration de leur droit de propriété. Leur empressement à accueillir une garantie aussi indirecte et aussi faible, suffirait pour prouver, s'il en était besoin, combien peu ils comptaient sur leur droit et sur la légitimité de leurs prétentions.

Que dit en effet ce rapport? Ce que nous avons dit nous-même : il a constaté un fait que nous sommes loin de contester ; l'existence du droit de propriété que les officiers ministériels ont fait dériver à leur profit d'une fausse interprétation de la loi du 28 avril 1846. Mais le rapporteur a-t-il entendu valider ce droit? Encore une fois non ; il l'a accepté comme un fait et c'est sur ce fait qu'il a assis la perception du nouvel impôt.

Que si des paroles prononcées dans la discussion des lois il pouvait ressortir autre chose que de simples inductions, aux paroles très-peu explicites de M. Humann, nous opposerions les paroles bien plus nettes, bien plus positives de M. Delaroche, dans la séance du 12 avril, au moment même où l'article 34 de la loi du 24 avril 1832 allait être voté ; car de ces paroles il résulte une protestation formelle contre l'espèce de consécration indirecte de la propriété des offices, qui lui semblait devoir dériver plus tard des dispositions de la nouvelle loi du budget soumise en ce moment aux délibérations de la chambre et contre la fausse interprétation qui pourrait en être faite dans l'avenir par les partisans du principe de la vénalité.

« Messieurs, dit l'orateur, notre longue session
« touche à son terme, et l'année dont le budget nous
« occupe est déjà en partie écoulée. Tout nous presse
« donc de finir nos travaux et de satisfaire aux vœux
« du pays, en votant promptement la loi des re-
« cettes.

« Par ce motif, je crois inutile de combattre en
« ce moment les dispositions de l'article 33, intro-
« duit par la commission ; mais je déclare que je les
« désapprouve entièrement. Je les signale à votre
« sérieuse attention, et je demande qu'elles soient
« soumises à un nouvel examen lors de votre pro-
« chaine session.

« La révolution de 1789 anéantit les priviléges
« de toute nature, et ce fut là son éminent bienfait,
« qui seul peut expliquer cette prospérité toujours
« croissante de la France, que n'ont pu arrêter ni
« vingt-deux ans de guerre, ni la double invasion,
« ni les sacrifices immenses qui en furent la suite,
« ni les prodigalités de la restauration. »

« En effet, aussitôt que l'assemblée constituante

« eut fait disparaître, avec le droit d'aînesse, les
« maîtrises, les jurandes, les charges, offices et en-
« traves de toutes espèces, l'industrie parut re-
« prendre un libre essor ; le travail, la bonne
« conduite, l'intelligence, le courage civil et mili-
« taire, assurés de trouver leur récompense dans
« toutes les carrières, opérèrent des prodiges et
« changèrent la face du pays.

« Nous lui devons, au pays, de garder le pré-
« cieux dépôt de cette liberté d'action et d'indus-
« trie, de le défendre contre toutes les atteintes
« qui pourraient lui être portées, sous les pré-
« textes plus ou moins spécieux d'ordre public ou
« de besoins financiers. Lisez l'histoire, et vous
« verrez que ces prétextes ont toujours motivé les
« édits royaux qui créaient les corporations, les
« offices, les droits exclusifs de tout genre.

« Les intérêts particuliers, sans cesse disposés
« à usurper sur le domaine public, offraient leur
« assistance à des ministres ignorants, et ils en
« obtenaient des priviléges.

« Bonaparte, trop fidèle imitateur, à plusieurs
« égards, des erreurs de l'ancien régime, ne se
« borna pas à reconstruire une nouvelle noblesse,

« à reprendre l'étiquette de l'ancienne cour, à sou-
« mettre l'enseignement à un monopole universi-
« taire ; il rétablit, dans certaines carrières, des
« charges, des offices, avec limitation du nombre
« des titulaires. Les agents de change, les cour-
« tiers, les commissaires priseurs et nombre d'au-
« tres, pensant, avec raison, que s'ils pouvaient
« exploiter toutes les industries qui appartiennent
« à tout le monde, ils s'assureraient à eux et à leurs
« familles des moyens faciles de fortune, offrirent des
« fonds au trésor, sous la forme de cautionnement, et
« obtinrent ainsi les priviléges qu'ils demandaient.
« Quelques personnes pensent qu'il est utile et
« même nécessaire que certains états, certaines pro-
« fessions, qui doivent être entourés d'une grande
« confiance, soient soumis à des garanties pécu-
« niaires envers la société : c'est une question que
« je ne veux point traiter ici ; mais ce qui ne
« peut souffrir aucun doute, c'est qu'à la charge
« de donner ces garanties, chacun doit jouir du
« droit commun, celui d'exercer l'industrie ou la
« profession à laquelle il désire se livrer.

« Toute limitation de nombre est une violation

« de la propriété la plus sacrée de toutes, celle
« des facultés naturelles.

« Je voudrais donc, Messieurs, qu'il vous fût
« possible de ne pas voter les dispositions de l'ar-
« ticle 33, qui, dans un intérêt encore aujourd'hui
« tout fiscal, semblent, par l'impôt auquel ils la
« soumettent, sanctionner la transmission des char-
« ges d'avocat à la cour de cassation, d'agents de
« change, courtiers et autres ; mais, si l'impossi-
« bilité de remplacer en ce moment cette perception
« par un autre impôt exige votre consentement à
« cette mesure, qu'elle ne puisse pas vous être op-
« posée plus tard comme une sanction du funeste
« principe de la vénalité des charges et des offices
« privilégiés. »

Les partisans de la vénalité des charges le voient :
pour un texte ambigu et insignifiant qu'ils sont parvenus à exhumer en leur faveur, nous en trouvons
vingt à leur opposer ; car nous n'avons pas seulement pour nous la lettre de la loi, nous en avons
encore et l'interprétation et l'esprit.

Ils se sont fait un autre argument, tant ils sont
à bout de moyens, du cautionnement que le trésor

exige d'eux ; mais dans les finances, comme dans l'ordre administratif, n'y a-t-il pas des quantités de fonctionnaires qui, eux aussi, ont versé des cautionnements, et qui cependant ne se sont pas arrogé le droit de vendre leurs places ?

Ici, répliquent les officiers ministériels, l'analogie n'est pas complète ; les employés des administrations reçoivent des traitements, nous, nous n'en recevons pas.

Et les journaux, qui certes ont versé des cautionnements plus considérables que les vôtres, reçoivent-ils des traitements ? que diraient-ils, que diriez-vous vous-mêmes si, partant des principes invoqués par vous, un acte du pouvoir déclarait qu'aucun nouveau journal ne devrait être créé désormais ? Ne diriez-vous pas que le gouvernement viole non-seulement la liberté de la presse, mais encore la liberté de l'industrie, et qu'il crée des priviléges exorbitants et illégaux en faveur des journaux actuellement existants ? Qu'a-t-il donc fait pour vous, ou plutôt que vous a laissé faire sa déplorable tolérance ?

LOI DU 25 JUIN 1841.

Ici nous devons être briefs, et nous n'aurons qu'à répéter ce que nous avons déjà dit à propos de la loi de 1832.

Cette dernière avait adopté pour base de la perception du droit d'enregistrement des contrats portant transmission d'offices, le chiffre des cautionnements versés par les titulaires de ces offices ; la loi de 1841 a changé cette base de l'assiette de l'impôt, et au chiffre du cautionnement elle a substitué la somme énoncée dans le contrat même.

On le voit, c'est encore là une mesure purement fiscale, et qui n'a pu changer en rien le fond de la question.

Cependant, même en 1841, alors que le privilége semblait avoir obtenu la consécration du temps, une sorte de prescription morale, nous remarquons dans l'exposé des motifs du projet de loi présenté par le ministre des finances le passage suivant :

« Au reste, ces règles établies seulement pour
« asseoir sur une meilleure base la liquidation du
« droit d'enregistrement auquel sont assujetties les

« transmissions d'offices , laissent subsister dans
« toute sa force la disposition de la loi du 28 avril
« 1816, qui a conféré aux titulaires le droit de pré-
« senter leurs successeurs, et *au gouvernement celui*
« *d'accorder ou de refuser son agrément.* »

Tel fut le langage tenu par M. Humann à la chambre des pairs, lorsqu'il lui présenta la loi des recettes
de 1842, et certes si les opinions de quelqu'un doivent être accusées de trop de libéralisme, ce ne sont
pas celles de l'ancien collègue de M. Guizot ; mais en
1841, comme aujourd'hui, il y avait un fait positif,
constant, qu'une mauvaise foi intéressée pouvait
seule refuser de reconnaître : la résistance du gouvernement aux envahissements des officiers ministériels qui s'efforçaient de faire consacrer comme un
droit un état de choses qui n'avait jamais été que le
résultat de la tolérance.

Quelques jours auparavant, M. Rivet, rapporteur
de la commission du budget , avait dit à la chambre
des députés :

« C'est à tort qu'on voudrait y voir (dans la créa-
« tion des offices) une concession gracieuse et per-
« sonnelle. Si quelquefois, cédant à des embarras
« de finances, notre vieille monarchie a cherché,

« dans la création des charges, une funeste et pré-
« caire ressource , dès 1356 une belle maxime, dé-
« posée dans une ordonnance rendue sous le roi
« Jean, avait fixé la règle et le but ; elle disait : *il*
« *faut pourvoir aux offices, non aux personnes.* »

Pas plus que celle de 1832, la loi de 1841 n'a
donc pu changer l'état de choses créé par la loi du
28 avril 1816, et faire que ce qui n'avait été dans
l'origine qu'une condescendance facultative de la
part du gouvernement, devînt dans la suite un titre
de propriété personnelle et susceptible d'une aliénation vénale.

En d'autres termes, ni la loi de 1816, ni celle de
1832, ni celle de 1841, n'ont rétabli la vénalité des
charges abolie par le décret de 1791, et si cette vénalité a existé de fait, c'est un fait répréhensible,
et qui laissera peser une immense responsabilité sur
les gouvernements qui l'ont toléré.

Nous concluons donc comme nous avons commencé , et nous disons que rien, ni dans le texte
même des lois, ni dans les exposés des motifs qui les
ont précédées, ni dans les interprétations qui en ont
été faites dans la suite par les organes même du pouvoir, n'a consacré le principe de la propriété invo-

qué par les officiers ministériels, et qu'au contraire il résulte de textes formels et précis que, s'il a reconnu le fait, le législateur a toujours refusé de lui donner une consécration légale , et que souvent même il a élevé la voix pour protester contre son existence, et préserver l'avenir des dangereuses inductions qui pourraient être tirées un jour de la condescendance funeste du gouvernement à cet égard.

§ IV.

Nous pensons avoir démontré d'une manière con-
cluante et sans réplique, et l'abolition complète et
absolue de la vénalité des charges par l'assemblée
nationnale en 1791, et le non rétablissement, au
point de vue de la légalité et du droit, de cette même
vénalité des charges, soit par la loi du 28 avril 1816,
soit par les deux lois subséquentes de 1832 et
de 1841.

Reste maintenant à examiner dans le cas où, tant
pour la conservation du principe qui doit désormais
présider à nos destinées sociales, principe sacré
d'égalité et de liberté pour tous, que pour mettre fin
à des abus sans nombre que nous signalerons bientôt, l'état, rendant libres les professions judiciaires,
comme le sont aujourd'hui celles qui se rattachent
aux arts libéraux et aux sciences médicales, ordon-

nerait l'abolition des priviléges injustement acquis, odieusement exploités, qu'a fait revivre la vénalité des charges, si, dans ce cas, disons-nous, l'état devrait une indemnité quelconque aux propriétaires dépossédés de leurs priviléges.

D'abord, et cela est important, n'oublions pas :

1° Qu'à l'époque de la grande réforme judiciaire opérée par l'assemblée nationale, les titulaires d'offices, qui, eux, avaient des droits de propriété légitimes, car ils avaient acquis leurs titres de l'état lui-même et en avaient payé le prix, reçurent une indemnité équivalente à la valeur de leurs offices supprimés; que dès lors tous droits anciens furent éteints et anéantis;

2° Que les titulaires nouveaux furent institués à titre purement gratuit, et que l'abus de la présentation des successeurs, l'égitimé dans la suite par une loi, ne fut qu'une condescendance de la part de l'état qui jamais ne reçut rien en échange et qui par conséquent n'a pu ni vendre, ni aliéner au profit des titulaires un droit de propriété, qui dans l'état actuel des choses représenterait un capital énorme; car qui dit vente et aliénation, dit somme et valeur reçue échange. Or, il est un fait constant et qui n'est nié par personne, c'est que l'état n'a rien reçu ; s'il n'a rien reçu, il n'a pas vendu ; dès lors nous demandons à quel titre il aurait une indemnité à payer pour rentrer dans une propriété qui n'aurait pas cessé d'être la sienne ?

A cela nous ne voyons pas ce qui peut être objecté de quelque peu rationnel ; cependant afin d'appuyer notre raisonnement par un exemple puisé dans l'ordre même des faits, nous ajoutons :

Si un voisin, dont l'héritage se trouve contigu au nôtre, empiéte sur notre terrain, que ferons-nous ? Nous lui résisterons. Mais, admettons que ces empiétements datent de loin, et que par une condescendance toute bienveillante, nos auteurs aient fermé les yeux sur les envahissements progressifs de ce voisin ambitieux ; que même ils aient consenti pendant un temps à le laisser jouir de leur bien sans réclamer contre cette jouissance illégale, lorsqu'il nous conviendra à nous, leur héritier, de mettre fin à un semblable état de choses, devrons-nous indemniser notre voisin pour rentrer dans notre propriété ?

Qui oserait soutenir un pareil système ?

Ne serions-nous pas fondé au contraire à lui dire

tout simplement : cet héritage est le nôtre ; voici des titres qui le prouvent ; nos auteurs ont bien voulu, il est vrai, durant une longue suite d'années, vous en laisser jouir à leur place et à leur détriment, mais aujourd'hui, nous ne le voulons plus et la loi à la main nous réclamons la restitution de notre bien.

Quel est le juge, dans un procès semblable, qui ne rirait au nez de l'avocat, s'il s'en trouvait un, qui oserait plaider et soutenir le principe de l'indemnité en faveur du voisin dépossédé ? Si, en pareil cas, une indemnité devait être allouée à quelqu'un, ne serait-ce pas plutôt à nous, pour la jouissance illégale d'une propriété qui était la nôtre et dont nous aurions été injustement privé ?

Eh bien, à nous, propriétaire dont on a usurpé l'héritage, substituons l'état ; à la place de ce voisin accapareur et ambitieux qui a commencé par glisser un pied dans notre domaine, puis un autre, puis enfin sa personne tout entière, et qui maintenant qu'une longue possession semble avoir sanctionné son usurpation, lève fièrement la tête, et dit : cet héritage est à moi, mettons les nombreuses corporations d'officiers ministériels qui, hier encore jouissaient dans une si douce quiétude du bien de tous et

qui aujourd'hui cherchent de mauvais arguments
pour résister au propriétaire véritable, c'est-à-dire à
l'état, l'orsqu'il demande à rentrer dans des biens
dont il a été odieusement spolié, et nous aurons
une situation identiquement semblable.

En présence de telles prétentions que doit faire
l'Etat?

Ce que nous aurions fait nous-même vis-à-vis de
notre voisin ; établir notre droit d'une manière claire
et positive, et ensuite dans le cas d'une résistance qui
ne saurait être justifiée par rien, rentrer dans notre
propriété, en en disposant.

Ce qui s'est passé à une autre époque, crée d'ailleurs un précédent et indique au gouvernement la
conduite qu'il doit tenir et la manière dont il doit
procéder.

L'orsqu'en 1789 il eut reconnu que l'existance
d'une judicature et de fonctionnaires privilégiés
étaient contraires aux grands principes d'égalité
proclamés par la constitution, il ne regarda pas si des
intérêts privés se trouveraient lésés, des existances
froissées par leur abolition. Du moment que le principe eut été admis, il marcha courageusement à
l'accomplissement de cette grande mesure d'ordre

social. Certes alors aussi, et bien plus qu'aujourd'hui, il eut à briser des obstacles, à renverser des résistances ; car alors il y avait des droits sérieusement acquis, dont l'origine n'était pas douteuse et qui avaient passé successivement, de mains en mains, pendant plusieurs siècles pour arriver enfin aux possesseurs actuels. L'assemblée nationale fut-elle arrêté par ces difficultés ? Pas le moins du monde ; elle vit le but et y marcha sans hésiter.

Ici nous discutons un principe et nous sommes inexorable. En logique, il n'y a pas de justes milieux ; les prémices posées et admises, la conséquence est absolue.

Ce n'est pas à dire, pour cela, que nous ne soyons tout prêt à reconnaître combien est intéressante en ce moment la situation des officiers ministériels ; certes beaucoup d'entr'eux n'ont d'autres moyens de travailler et conséquemment de vivre que leur état, ne possédent d'autre fortune que leurs charges. Voulons-nous qu'on les en dépouille brutalement et qu'on s'en empare pour les donner à d'autres ? Telle n'est pas notre pensée. Ce que nous voulons, c'est la liberté pour eux comme pour tous : c'est que, sauf certaines garanties à fixer et à exiger par l'état, de ceux qui voudront les exercer, leurs professions deviennent libres comme toutes les professions du monde. Il en était ainsi dans l'origine, et les choses n'allaient pas plus mal alors, qu'elles ne vont aujourd'hui. De la libre concurrence naît l'émulation, de l'émulation naissent les lumières.

Sans nul doute la position des titulaires sera moins douce et moins belle qu'elle n'est aujourd'hui, grâces au privilége exclusif dont ils ont su l'entourer : il ne suffira plus à un individu, pour faire fortune désormais, d'avoir de l'argent pour acquérir une charge et de payer des clercs pour la faire valoir ; il faudra encore posséder du savoir, de l'intelligence, de l'activité ; et le clerc qui réunira ces qualités pourra, en remplissant certaines conditions d'âge et de sécurité publique, devenir titulaire tout aussi bien que son patron et faire valoir pour son propre compte son intelligence, son activité, son savoir. Mais le titulaire ancien ne conservera pas moins tous les avantages que donnent l'antériorité, la clientèle et une position acquise. Quand bien même la vente de son titre lui sera intérdite, il ne pourra pas moins vendre sa clientèle et ses minutes, comme un commerçant, dont certes l'industrie ne repose sur aucuns priviléges, vend son fonds de commerce lorsqu'il lui convient de se retirer des affaires.

J'entends les officiers ministériels se récrier contre cette comparaison qui les assimile à des marchands. Mais que sont-ils donc autre chose, après tout, que des marchands de grimoire et de papier timbré noirci?

Les titulaires actuels auront donc sur les nouveaux venus un avantage marqué, et si ces derniers espèrent trouver dans la concurrence qu'ils leur feront, des éléments suffisants d'existence et de fortune, à plus forte raison eux, qui d'avance posséderont ces éléments, pourront-ils vivre de leur état et acquérir une honnête fortune si déjà ils ne la possèdent.

Quant à ce fait, si grave en apparence des droits acquis, et des tiers lésés, fait sur lequel nous sommes bien forcé de revenir pour le combattre et le détruire, puisque c'est sur lui que s'appuient les principaux arguments de nos adversaires, les gouvernements anciens et nouveaux s'en sont-ils préoccupés jamais? Certes, parmi les industries privilégiées, s'il en était une qui méritât aide et protection, c'était celle des maîtres de poste; car eux, non-seulement ils avaient acheté le privilége de l'exercer; mais encore ils avaient

mis au service de l'état, duquel ils relevaient directement, des capitaux considérables ; et pourtant lorsque
les chemins de fer sont venus détruire leur industrie,
annihiler conséquemment leurs privilégés, et, ce qui
est bien plus grave, entraîner la perte de capitaux
réels, l'état a refusé d'intervenir et a repoussé leurs
demandes en indemnité.

On n'accusera pas le gouvernement de Louis-Philippe de s'être montré par trop fidèle gardien des deniers publics. Et, cependant, c'est sous son règne
que s'est passé le fait que nous venons de signaler.

De nos jours, lorsque le gouvernement provisoire
a cru devoir prendre l'initiative d'une haute mesure
de morale publique par la suspension de la con-
trainte par corps, suspension qui, nous l'espérons
bien, est un gage assuré de son abolition définitive,
s'est-il préoccupé le moins du monde du sort des
gardes du commerce? A-t-il dit dans son décret
qu'une indemnité quelconque leur serait dévolue?
Et pourtant eux aussi ont acheté leurs charges, eux
aussi ont des droits acquis. Mais ces droits ne reposaient que sur le privilége, et ils disparaissent avec
lui dans la tourmente sociale.

Et d'ailleurs les possesseurs de charges actuels

ont-ils bien le droit de se plaindre? Peuvent-ils invoquer du moins leur bonne foi? nous le leur contestons. En effet, qui pourra croire qu'un avocat à la cour de cassation, qu'un notaire, qu'un avoué ne connaissaient pas l'état de la législation sur la vénalité des charges? Quoi! eux qui avaient pour mission d'éclairer les citoyens sur l'étendue de leurs droits, n'auraient pas fait de leurs droits personnels une étude toute spéciale? Ils auraient oublié et les lois abolitionnelles de 1789 à 1791 et la portée réelle des lois successives de 1816, 1832 et 1841 sur lesquelles cependant ils faisaient reposer et leurs fortunes et leur avenir? Ils auraient pu supposer, par exemple, qu'en l'absence d'un texte précis, formel et par simple voie d'induction, la loi du 28 avril 1816, en exigeant d'un avoué de Paris un suppément de cautionnement de 4,400 francs, cautionnement qui demeurait sa propriété et dont le trésor lui a toujours fidèlement servi l'intérêt, qu'en échange du prêt de cette somme de 4,400 francs, disons-nous, la loi du 28 avril 1816 a concédé à ce même avoué de Paris un droit réel de propriété sur une charge dont quelques unes ont été vendues 4 et 500 mille francs? Nous sommes trop disposé à rendre hommage à la haute intelligence, au profond savoir des avoués de Paris en particulier et à ceux de tous les officiers ministériel de France en général, pour leur faire l'injure d'une supposition semblable.

Et puis, les parquets ne les avaient-ils pas sans cesse avertis de la fragilité de leurs droits? Nous ne reviendrons pas sur la circulaire déjà citée du garde des sceaux Pasquier ; nous nous contenterons de rappeler un fait qui s'est constamment passé, même dans les temps de la monarchie déchue, même sous l'empire des lois si souvent invoquées de 1832 et de 1841 : c'est que chaque fois que les contrats portant transmission d'offices ont contenu le mot *vend*, ces contrats ont été renvoyés par le garde des sceaux pour que ce mot en fût effacé. N'était-ce donc pas suffisamment dire aux acheteurs que le gouvernement repoussait le principe de la *vénalité* des charges, puisqu'il refusait d'agréer des successeurs auxquels ces charges avaient été *vendues?*

Enfin, comme si tout prétexte, tout moyen d'excuse devait être enlevé aux officiers ministériels, la jurisprudence elle-même et les arrêts se sont prononcés contre eux. Nos lecteurs n'ont pas oublié sans doute le fameux procès Lehon sur lequel nous nous réservons de revenir bientôt.

Lehon avait acheté sa charge sans argent ; un sieur Declercq avait payé pour lui une somme de 250 mille francs à son vendeur, et lorsqu'advint la déconfiture de Lehon, il demanda à exercer un privilége sur le produit de la revente de son étude ; de là procès entre lui et les syndics de la faillite.

Nous ne raconterons pas toutes les péripéties de cette affaire qui tint si longtemps en émoi la nombreuse famille des officiers ministériels ; admis devant le tribunal de commerce et la cour royale, le principe du privilége fut repoussé par la cour suprême, qui décida qu'en cas de destitution du titulaire, l'office faisait retour au gouvernement, qui avait le droit d'en disposer souverainement, et que si ce dernier imposait au successeur l'obligation de payer une certaine somme, ce n'était que par pur sentiment d'équité, et au profit de la masse des créanciers du titulaire destitué ; mais non pas afin que tel ou tel d'entre eux en disposât d'une manière exclusive. En d'autres termes, la cour de cassation repoussa le principe même de la vénalité des offices, et déclara que l'indemnité payée au titulaire démissionnaire n'était que la représentation des valeurs mobilières et de la clientelle qui y étaient attachées.

La cour de Rouen, devant laquelle cette affaire a été renvoyée, a été plus loin encore que la cour de cassation dans l'application de nos principes : après des plaidoiries solennelles qui ont occupé les audiences des 15, 16, 24 et 29 décembre dernier, elle a décidé :

« Que dans aucun cas, même dans celui de dé-
« mission volontaire (nous copions textuellement
« l'article du *Droit* qui rend compte de ce procès),
« le droit de présentation ne peut jamais équivaloir
« à un droit de propriété, et que de ce droit ainsi
« circonscrit *ne peuvent jamais naître ni le contrat*
« *de vente, ni les effets de privilége de ce contrat.* »

L'arrêt qu'il serait trop long de transcrire ici, commence par le considérant suivant :

« Attendu que la vénalité des offices a été com-
« plètement abolie en France par les lois de 1789,
« et 1791 :

« Que l'article 1er de la loi du 29 septembre 1791
« en particulier abolit expressément la vénalité des
« offices de notaires royaux. »

Passant ensuite à la loi de 1816 et à la faculté

qu'elle accorde aux officiers ministériels de présenter leur successeur à l'agrément du roi :

« Attendu, dit l'arrêt, que cette faculté de présentation, quelles que puissent être les conséquences plus ou moins forcées que l'usage *ou l'abus soient parvenus à en tirer, ne saurait être assimilée à un droit de propriété.* »

Cet arrêt, si précis et qui tranche la question d'une manière si formelle, a été rendu il y a trois mois à peine, six semaines avant la proclamation de la République en France (1).

(1) Nous ne quitterons pas l'arrêt de la cour royale de Rouen, sans mentionner quelques-unes des paroles prononcées par M. Salveton, procureur général, dans son réquisitoire. Ces paroles prouvent que ce magistrat partage nos doctrines sur la vénalité des charges, et que même sous la législation ancienne et avant l'abolition prononcée en 1789, ce n'était pas le titre de leur office que vendaient les officiers ministériels; mais seulement les valeurs mobilières qui en formaient dépendance.

« Aucune loi, dit ce magistrat, ne peut s'élever en faveur « de la vénalité des charges, comme aussi aucune loi n'a « besoin de s'élever pour la flétrir. Ce qu'il y a de plus ingé- « nieux à cet égard a été dit par Loyseau. *Si,* dit-il, *l'officier « mérite la charge, il n'est pas raisonnable qu'il l'achète : « s'il ne la mérite pas, il est encore plus déraisonnable « qu'il l'obtienne à quelque prix que ce soit.* Aussi, sous

On le voit, les avertissements n'ont pas manqué aux officiers ministériels, et si quelques-uns ont été trompés, on peut dire qu'ils l'ont un peu voulu. Cependant, nous sommes tout disposé à le reconnaître, un abus grave a été toléré, disons plus, a été favorisé, encouragé même par l'administration. Mais parce que cet abus coupable, odieux à plus d'un titre, s'est glissé furtivement dans une des branches de l'administration, devrons-nous rendre l'administration et avec elle le pays responsables de ses effets à l'égard de ceux-là même qui s'étaient promis de

« l'ancien droit, ce trafic n'était pas admis sans conteste. La
« vente de la charge ne la donnait pas à celui qui l'achetait ;
« elle donnait seulement droit à ce qu'on appelait la résilia-
« tion, c'est-à-dire, que le vendeur s'obligeait à remettre
« sa charge au collateur, et l'acheteur se présentait à ce
« dernier pour avoir l'investiture. Il y avait donc examen
« de la personne qui se présentait, intervention de l'au-
« torité. »

   « Puis, ce n'était pas la charge que l'on vendait, mais bien
« la finance ; c'est-à-dire que l'on était censé rembourser la
« somme qu'avait dû payer à l'autorité le premier individu
« auquel, dans l'origine, l'autorité avait cédé cet office. Aussi
« le marché intervenant entre le cédant et le cessionnaire
« de l'office ne portait pas le nom de vente ; mais bien celui
« de composition, nom qui indiquait ce que ce contrat avait
« d'aléatoire, et la part que l'autorité pouvait y prendre. »

l'exploiter? En d'autres termes, parce que entraî-
nés par l'exemple de plusieurs hommes qui, ac-
ceptant successivement cet abus comme un fait, ou
si l'on veut, comme un droit, avaient en l'exploitant,
gagné des fortunes rapides et scandaleuses, certains
jeunes gens, avides aussi de richesse et de fortune,
ont pensé que ce même abus durerait assez longtemps pour leur laisser le temps de s'enrichir à leur
tour, se sont trompés dans leurs prévisions, doivent-
ils s'en prendre à d'autres qu'à eux-mêmes? Lorsqu'ils achetaient leurs charges sans s'informer si le
prix en était ou n'en était pas exhorbitant, quel était
leur but? De gagner vite, *per fas et nefas*, assez d'argent pour les payer, afin de les revendre ensuite
plus cher encore? Aussi, avons-nous vu le prix des
offices progresser sans cesse et dans une effrayante
proportion. En pareil cas, que doit-on blâmer le plus
ou de l'avidité insatiable du vendeur, ou de la confiance aveugle de l'acheteur? Et si ce dernier s'est
trompé, ou a été trompé, encore une fois, de quel
droit viendrait-il rendre l'Etat responsable de son er-
reur?

Nous le disons donc avec une conviction intime,
profonde, inébranlable. Non, l'État ne doit pas d'in-

demnité aux officiers ministériels, pour rendre leurs professions au droit commun ; car le droit commun c'est le droit de tous, et parmi ces droits inaliénables et imprescriptibles qui appartiennent à la société entière comme à chacun de ses membres individuellement, le plus saint, le plus précieux, c'est celui du libre développement des facultés que la nature nous a départies ; c'est la liberté professionnelle, la liberté du travail, la liberté et le droit de vivre, en un mot.

Mais admettons la bonne foi pleine et entière des titulaires actuels des charges de la judicature ; admettons même, si l'on veut, celle de leurs vendeurs, et des vendeurs de leurs vendeurs : la bonne foi constitua-t-elle jamais un droit ? La prescription peut-elle être invoquée contre les peuples ? Que deviendraient, dans cette hypothèse, les lois toujours progressives de la perfectibilité humaine, et qui oserait tracer des limites aux champs incommensurables de l'avenir ?

La bonne foi des officiers ministériels avait pour principe un fait, non un droit ; les faits, les révolutions les emportent, et alors il ne reste plus rien. Certes, nous ne contestons pas que, fidèles à leurs traditions, les gouvernements de 1815 et de 1830 n'auraient pas porté atteinte aux priviléges qu'ils avaient laissé constituer en faveur des titulaires des offices ; nous reconnaîtrons même que, pour ces derniers, au point de vue de la propriété de leurs charges, l'avénement de la République est un fait malheureux. Mais, heureux pour les uns, malheureux pour les autres, ce fait existe-t-il moins ? Et parce que quelques intérêts privés se trouvent sur son passage, faut-il que la civilisation s'arrête ? Évidemment, non.

Bien d'autres intérêts que ceux des officiers ministériels se trouvent lésés par le nouvel ordre social qui vient de surgir parmi nous ; faut-il pour cela que le gouvernement se constitue leur protecteur officieux et vienne obligeamment les indemniser de leurs pertes ? Mais la fortune publique n'y suffirait pas ; car dans les révolutions tout le monde perd plus ou moins, et les riches de la veille sont souvent les pauvres du lendemain.

§ V.

Nous avons examiné jusqu'à présent la vénalité des charges ministérielles au point de vue du droit, et nous avons été forcé de reconnaître que le droit n'existait pas en sa faveur; reste maintenant à l'apprécier au point de vue des faits et à voir si dans l'ordre social ancien, pas plus que dans l'ordre social nouveau, elle a été un bien ou un mal, un avantage ou un désavantage.

La solution de cette question ne saurait être douteuse, et il nous sera facile de prouver que la faculté laissée aux officiers ministériels, de désigner leurs successeurs au choix du gouvernement, a été non-seulement un attentat contre les libertés publiques et le droit de chacun au travail et à la vie, mais encore la source la plus féconde de l'immoralité et des désordres qui n'ont que trop souvent marqué la période de temps que nous venons de traverser.

Le premier inconvénient de la vénalité des offices ministériels a été de détruire toute espèce d'émulation parmi les hommes appelés à les occuper. Du moment, en effet, où l'on en faisait l'apanage exclusif de la fortune, il n'était pas nécessaire, pour y parvenir, d'être instruit, laborieux, actif ; il suffisait d'être riche ; avec la richesse on pouvait non-seulement acquérir le titre, mais encore s'assurer l'instruction, le travail, l'activité d'autrui pour le faire valoir. Aussi, par qui sont occupées aujourd'hui la plupart des charges vénales? En voyons-nous revêtus ces jeunes gens qui, après avoir passé par tous les degrés de la cléricature, après des stages longs et suivis au milieu de difficultés, de misères, de privations sans nombre, ont acquis leurs grades à force de travail, et réunissent à la science du droit la science bien plus précieuse, bien plus longue à acquérir, de la connaissance des hommes et de la pratique des affaires? Non, car à ceux-là il faudrait quelques centaines de mille francs pour acheter des charges, et ne pouvant exploiter à leur profit leur travail et leur intelligence, ils sont réduits à se mettre aux gages quelquefois de fats et d'ignorants qui les paient: heureux encore ceux qui peuvent trouver dans ce servage volontaire des moyens suffisants pour vivre; car le titulaire, qui a acheté sa charge un prix énorme dont il redoit souvent la plus grande partie, est réduit par les exigences mêmes de sa position, non-seulement à pressurer ses clients, mais encore à spéculer sur le travail de ses clercs, qu'il paie le moins possible, quand toutefois il consent à les payer. Qui croirait, en effet, qu'un maître clerc d'avoué à Paris, celui sur lequel repose tout le travail, toute la responsabilité de l'étude, reçoit cent francs par mois? Et dernièrement encore, un avoué dont la charge, dit-on, ne rapporte pas moins, chaque année, de deux cent mille francs, a proposé à la chambre des avoués de Paris de supprimer les traitements alloués à leurs clercs jusqu'à présent; en sorte que, de par l'équitable justice de MM. les titulaires, non-seulement tout débouché serait fermé au savoir et à l'intelligence pauvres; mais encore que ce modeste salaire qui leur permettait de vivre en attendant des jours meilleurs, leur serait enlevé.

Nous avons dit quels étaient ceux qui, en raison de leur pauvreté, ne pouvaient parvenir à la possession des offices, quelque activité qu'ils déployassent, quelque savoir dont ils fissent preuve : complétons le parallèle et montrons ceux qui parviennent à cette possession d'une manière à peu près exclusive.

Avez-vous remarqué, dans les écoles, ces jeunes gens barbus et chevelus qui prennent leurs inscriptions chez le père Lahire, et qui suivent assidûment les leçons des *Clara*, des *Pomaré* et des *Mogador* de leur époque? Après six ou huit ans de cours, ces messieurs obtiennent enfin leur licence, Dieu sait comment, quand toutefois ils l'obtiennent ; alors ils appellent un barbier, qui rase leurs moustaches, coupe leurs chevelures, font leurs malles et retournent dans leurs départements où, grâce aux écus du père, au crédit de l'oncle ou de la tante, aux manœuvres de la mère, ils s'installent comme notaires, comme avoués, souvent même comme juges ou procureurs du roi.

Sur cent officiers ministériels de province, cette histoire n'est-elle pas celle des trois quarts au moins, pour ne pas dire de la totalité? Nous faisons un appel à leur propre conscience et nous ne craignons pas qu'ils nous contredisent.

Avez-vous remarqué aussi dans les études de

Paris, principalement dans les études de notaires, de petits messieurs tout roses, tout papillotés, qui arrivent à dix heures, s'en vont à trois ; qui, dédaignant le pain de quatre livres et le demi-verre de vin dont la munificence du patron régale ses clercs chaque matin, se font apporter leur déjeuner du café ; qui, dans les longs loisirs de leur vie insignifiante et désœuvrée, fréquentent le bois, les salons et les coulisses des théâtres, beaucoup plus que les écoles et les audiences : heureux privilégiés de la fortune, nés au milieu du velours et de la dentelle, et qui n'ont connu de l'existence, jusqu'à présent, que les joies, les plaisirs et les satisfactions ? Ces messieurs sont des *clercs honoraires*, fils, parents ou protégés de quelque riche client que le notaire a intérêt de ménager, et qui font ainsi leurs stages en attendant qu'ils aient vingt-cinq ans pour pouvoir de *clercs honoraires* passer titulaires en pied. Ils n'ont vu les affaires que superficiellement et en s'amusant ; les lois leur sont à peu près étrangères, et bien plus encore ces mille circonstances qui se présentent à chaque instant dans la vie pratique et dans les affaires. Mais à quoi bon tout cela ? Ils ont de l'argent, du crédit, une famille influente ; ils auront de plus un clerc qui, moyennant deux ou trois mille francs par an, sera tenu d'avoir pour eux l'intelligence et le savoir qui leur manquent.

Nous demandons si, dans un état de choses semblable, l'émulation est possible et si le pays doit renfermer des notaires de talent, des avoués instruits, des huissiers probes, alors que le talent, l'instruction, la probité sont inutiles pour arriver à la possession des études qu'exploitent ces messieurs? Pense-t-on que si, au lieu du principe de la vénalité des charges, on admettait celui des libres concours réclamés par la loi de 1789, on n'aurait pas des candididats plus dignes de la confiance de leurs concitoyens, et que tout le monde, sauf les privilégiés d'aujourd'hui, ne s'en trouverait pas infiniment mieux? Nous en demandons pardon à ceux qui croient qu'il n'y a ordre et régularité que là où il y a fortune et richesse. L'argent, fort heureusement, ne constitue ni la probité, ni le mérite; et s'il nous en fallait un exemple, nous le trouverions sans sortir du sujet qui nous occupe. Le barreau, certes, possède des hommes éminents. Eh bien, nous le demandons à ces hommes eux-mêmes; s'il leur avait fallu acheter au prix de quelques centaines de mille francs le droit de plaider, seraient-ce les plus célèbres aujourd'hui qui, au début de leur carrière, auraient eu les moyens de réaliser ces sommes énormes? Combien de talents hors ligne, dont la France s'honore à juste titre, auraient été condamnés ainsi à l'impossibilité de se faire connaître? Pense-t-on que les mêmes faits ne produiraient pas les mêmes conséquences, et que si l'on rendait libre l'exercice des fonctions ministérielles, il ne surgirait pas tout à coup des hommes d'un mérite également hors ligne pour les exercer? Poser des barrières au développement des facultés de ces mêmes hommes, ce n'est donc pas seulement attenter à leurs droits, c'est encore priver le pays de leurs services, et condamner des professions dont ils eussent fait la gloire, à se voir envahir par des médiocrités sans talents. Le véritable mérite, quand bien même il en aurait les moyens, se respecte assez pour ne pas consentir à acheter le droit de se produire et il laisse les professions privilégiées à ceux qui ne sauraient vivre qu'au moyen des priviléges.

Quelque grave qu'il puisse paraître, ce n'est pourtant là encore qu'un des moindres inconvénients de la vénalité des charges. Et comme nous nous sommes imposé la tâche, non-seulement de prouver que la transmission vénale et l'exercice privilégié de ces charges ne reposent sur aucun droit, mais encore qu'elles constituent des faits déplorables, et qu'il est urgent, dans l'intérêt même de la société, de faire cesser au plus tôt, nous continuerons l'énumération des abus qui en résultent.

Nous ne sommes pas de ceux qui ont juré une haine aveugle à la richesse, et qui, par ce seul fait qu'un homme est riche, le tiennent en suspicion d'immoralité et de corruption. La fortune est souvent le prix du travail, de l'économie, de l'ordre et du talent. A ce titre, elle a droit à l'estime et à la considération de tous. Mais nous pensons qu'en général les héritiers des grandes fortunes ne sont pas ceux qui auraient pu les acquérir; que les habitudes du luxe sont peu les habitudes du travail, et que l'homme né, comme nous le disions tout à l'heure, dans la dentelle et le velours, se façonne difficilement à ces habitudes de régidité sévère, de travail consciencieux qui devraient être surtout le lot de la magistratnre et des fonctions qui en découlent. Le public lui-même ne tarde pas à faire justice des ridicules prétentions que certains de ces hommes affectent d'ap-

7

porter même dans l'exercice extérieur de leurs fonctions. N'avons-nous pas eu naguère à Paris un *agréé lorgnon,* comme nous avons encore des avoués *gants jaunes* et des notaires *Jockey Club !*

Encore si, aux obligations qu'impose la richesse apparente, ces messieurs apportaient pour compensation une fortune réelle, sérieuse, il n'y aurait qu'à moitié mal ; ils auraient du moins les moyens de faire face aux exigences de leur position ; mais il n'en est malheureusement, presque toujours, pas ainsi. N'avons-nous pas vu, dans ces derniers temps, le frère d'un ambassadeur acheter sa charge tout entière à crédit, et, après quinze ans d'exercice, en devoir encore le prix tout entier au moment de sa déconfiture? Cette garantie de fortune, que semblerait apporter de prime-abord à la société la vénalité des charges, n'est donc, en réalité, qu'un leurre, qu'un de ces moyens frauduleux de capter la confiance et de se donner un crédit imaginaire, caractérisés et punis par l'article 405 de notre code pénal.

Quant aux officiers ministériels eux-mêmes, elle les met dans les conditions d'existence les plus difficiles et les plus déplorables ; elle leur impose les exigences de la fortune, et ne leur donne pas les moyens d'y pourvoir ;. et alors, de deux choses l'une :

Ou l'officier ministériel, cet homme que sa position officielle fait paraître riche, quand en réalité il est excessivement pauvre, exerce ses fonctions avec probité, et, dans ce cas, loin de trouver dans les revenus de sa charge de quoi acquitter le prix principal qu'elle lui a coûté, il ne trouve pas même, après avoir vécu convenablement, de quoi en servir les intérêts annuels ; ou bien, entraîné par la fatalité inexorable qui pèse sur lui, il se jette dans les hasards de spéculations dangereuses, et finit le plus souvent par une de ces catastrophes honteuses qui viennent périodiquement protester contre le principe odieux de la vénalité des charges.

On le voit, dans l'un comme dans l'autre cas, il n'y a pour l'officier ministériel qui achète sa charge à crédit que honte et ruine, que misère et déshonneur.

Mais admettons, ce qui arrive quelquefois, qu'un mariage avantageux, que l'appui d'une famille aisée, permettent au nouveau titulaire d'éviter ces résultats désastreux que nous venons de signaler ; en cher-

chera - t - il moins à gagner une somme suffisante pour équivaloir et aux intérêts du capital qu'il a engagé dans sa charge, et à une rémunération suffisante, tant pour son travail que pour la responsabilité qui pèse sur lui? Certes, nul ne le blâmera de formuler de semblables prétentions. Et cependant ce résultat, si modeste qu'il soit, il ne l'atteindra pas, s'il s'en tient à ses attributions et s'il ne pressure pas ses clients au delà des tarifs. Car il ne faut pas oublier qu'à Paris seulement les différentes charges privilégiées et vénales représentaient, il y a six mois, un capital de plus de *trois cents millions;* c'est donc, outre les émoluments équitables et loyaux attribués par le législateur aux titulaires des offices pour les faire vivre d'une manière convenable à leur rang, un supplément ou plutôt un accroissement illégal de *quinze millions* par an de ces émoluments perçus sur la population parisienne, afin de faire face aux intérêts résultant du prix exorbitant des charges. Dans les départements les résultats sont les mêmes : des greffes de justices de paix, rapportant de 500 à 600 francs, se sont vendus jusqu'à 8,000 francs; des études de notaires de campagne, d'un produit évalué à 3,000 francs, se sont vendues 40,000 francs.

Aussi les notaires de campagne ont-ils été obligés de se faire brocanteurs, marchands de biens, comme leurs confrères de Paris se sont faits joueurs de bourse et spéculateurs.

Et, en vérité, saurait-il en être autrement quand une étude d'huissier à la banlieue, que nous pourrions citer au besoin, a été vendue une première fois, et peu après la loi de 1816, *dix mille francs ;* qu'elle s'est vendue une deuxième fois *soixante mille francs ;* que le titulaire actuel l'a payée *cent trente mille francs,* et qu'il espérait naguère la revendre *deux cent mille francs ?* Quand un agréé près le tribunal de commerce de la Seine a vendu un titre qui ne repose sur rien, absolument rien que le bon vouloir du tribunal, *trois cent mille francs ?* quand une étude d'avoué près le tribunal civil de Paris, l'étude de ce même avoué que nous citions tout à l'heure comme ayant proposé à ses confrères la suppression des appointements des clercs, quand cette étude, disons-nous, a été mise en vente au prix fabuleux de *six cent mille francs !*

Certes, alors même que la révolution de février n'aurait fait que mettre un terme à d'aussi odieux tripotages, elle aurait encore rendu à notre pays un service immense; car nous ne savons pas, en vérité, où la progression toujours croissante de la valeur des offices aurait fini par s'arrêter.

L'usage de la vénalité des charges fut, dans les mains des gouvernements déchus, un puissant moyen de corruption, et nous comprenons que, loin de s'y opposer, ils en aient favorisé le développement de toutes leurs forces; mais la république, Dieu merci, n'aura plus d'électeurs privilégiés, et elle n'a pas besoin de fonctionnaires privilégiés pour exercer sur eux leur action corruptrice. Elle n'est donc nullement intéressée à leur conservation, et si, d'un autre côté, de hautes considérations politiques demandent leur suppression, elle ne saurait hésiter à la prononcer.

On nous cite sans cesse l'exemple de l'Angleterre et des Etats-Unis de l'Amérique du nord. Dans l'un comme dans l'autre de ces deux pays toutes les professions sont libres. La loi est rigide pour les admissions, c'est vrai ; elle exige des garanties sérieuses d'aptitude et de capacité ; mais ces garanties une fois données, chacun est maître de devenir notaire ou avoué. Il ouvre son cabinet, et sa clientelle n'a pas à se préoccuper s'il doit ou non le prix de sa

charge , et si l'argent qu'on lui confie ne servira
pas peut-être à apaiser quelques créanciers exigeants.
Mais, objecte-t-on , en Angleterre , à Londres notamment, le nombre des hommes de loi est con-
sidérable; il y a encombrement dans leur profession. Soit ; et où est le mal à cela pour les justiciables ? Parce que Paris a quatre fois plus de
médecins que n'en comportent réellement ses besoins, faut-il conclure que les malades y sont moins
bien soignés? et parce que parmi les avocats inscrits
au tableau la majorité ne plaide pas , doit-on en
diminuer le nombre et opposer des restrictions aux
inscriptions nouvelles ? Quel mal font à la société
les avocats sans cause, les médecins sans malades?
Ne sont-ils pas libres d'embrasser d'autres professions , s'ils jugent que les leurs ne suffisent pas
pour les faire vivre? et parce qu'il y aurait quelques
avoués sans dossiers, quelques notaires sans minutes,
la marche de notre société serait-elle entravée?

Mais, ajoute-t-on encore, la gravité des intérêts
qui sont déposés dans les mains des officiers ministériels et notamment des notaires, exige de leur part
des conditions de solvabilité que peut seule donner
la propriété de leurs offices.

Ici une explication devient nécessaire : par gravité des intérêts, qu'entendez-vous? Sont-ce les dépôts d'argent dans les mains des notaires dont vous voulez parler? A cela, nous répondrons que, suivant nous, les notaires ne devraient jamais se constituer les dépositaires des capitaux d'autrui, que même la loi devrait le leur interdire d'une manière formelle : ils sont notaires et non pas banquiers.

Sont-ce les dossiers et les minutes? Leurs cautionnements doivent suffire à cette garantie ; s'ils n'y suffisent pas, augmentez-les ; mais ne comptez pas sur la valeur de leurs offices qui, presque toujours, ne leur appartiennent pas.

Quant aux actes autres que les minutes, n'y a-t-il pas à Paris et dans toutes les villes tant soit peu importantes, des agents d'affaires, des experts, des arbitres, des syndics de faillite auxquels sont confiés des dossiers, bien qu'ils n'aient ni charge vénale, ni cautionnement déposé? et pourtant nous n'avons pas entendu dire que ces dossiers aient jamais été volés par eux. N'arrive-t-il pas tous les jours aux plaideurs de porter leurs pièces directement aux avocats qui doivent les défendre, sans passer par l'intermédiaire des avoués? Dira-t-on encore qu'ils aient eu lieu de s'en repentir? Cependant, les avocats, eux aussi, n'achètent pas de charges et ne sont pas contraints à déposer des cautionnements.

L'argument en faveur de la vénalité des charges, que l'on tire de la nécessité de ne confier l'exercice de ces charges qu'à des hommes offrant à la société des garanties d'argent, est donc sans portée; car, d'une part, il est démontré que, le plus souvent, les titulaires n'ont pas payé le prix de leurs charges, et de l'autre, que des agents d'affaires, qui ne sont revêtus d'aucun caractère officiel, offrent tout autant de garanties de probité, de moralité, et même de responsabilité matérielle que la plupart des officiers ministériels.

Les procès sont la maladie des fortunes, a dit un jurisconsulte célèbre. Ce mot, plein de sens et de vérité encore aujourd'hui, l'était surtout à l'époque où il fut prononcé. Eh bien! qu'exige-t-on des médecins appelés à soigner les maladies du corps? les classe-t-on par catégories? Limite-t-on leur nombre? Pose-t-on des barrières à l'exercice de leur profession? Non. On exige seulement d'eux des garanties sérieuses d'aptitude et de capacité; puis, ces conditions remplies, on leur délivre des diplômes, et ils sont médecins. Alors, le malade s'adresse à eux, s'il le juge convenable ; mais rien ne lui fait une loi de recourir à celui-ci plutôt qu'à celui-là, et le médecin, ne devant qu'à lui-même la confiance qui l'environne, s'efforce chaque jour de s'en rendre de plus en plus digne. Mais, objectera-t-on, vous établirez ainsi au milieu de professions graves, une concurrence indigne. Indigne ! pourquoi donc ? Pensez-vous que la concurrence que se font aujourd'hui les notaires et les avoués soit beaucoup plus digne que celle que se font les médecins ? Et puis, admettons cette concurrence : où sera le mal, par exemple, si messieurs les officiers ministériels deviennent un peu plus accessibles pour leurs clients, si le pauvre aussi bien que le riche peut arriver jusqu'à eux ; si surtout et par suite de cette même concurrence, ils se chargent de ses intérêts sans exiger d'avance le paiement d'honoraires et de frais qui ne leur seront dus qu'après. Car, comme tous les privilégiés, *Maître Perrin* est inexorable, et non-seulement il veut croquer l'huître, mais il veut encore que les plaideurs la lui présentent tout ouverte.

Ceci nous amène naturellement à parler de l'insuffisance des offices ministériels, insuffisance dont les effets malheureux se font sentir dans toutes les grandes villes ; mais à Paris surtout.

Il n'est pas un de nos lecteurs qui n'ait eu au moins un procès dans sa vie, procès souvent grave et sérieux duquel dépendait une partie de sa fortune, quelquefois même sa considération et son honneur. Eh bien, nous le demandons à tous ; à moins qu'ils n'aient eu le privilége d'une grande fortune, combien de fois ont-ils pu aborder leur avoué et causer avec lui d'une manière suffisante? Combien d'heures d'antichambre n'ont-ils pas eu à supporter avant d'arriver jusqu'à lui, lorsque toutefois ils y sont parvenus? Le plus souvent, en désespoir de cause, n'ont-ils pas été forcés d'exposer leurs moyens de défense à un clerc, qui les a répétés ensuite à son patron à la hâte et imparfaitement? Pense-t-on qu'ensuite si les malheureux ont perdu un procès qu'ils croyaient juste et fondé, ils n'en doivent pas accuser la légèreté avec laquelle ce procès a été instruit?

Maintenant, de l'étude, transportons-nous au palais. Il y a là, outre les greffes, les référés, les parquets onze ou douze chambres. L'avoué, ne pouvant se partager en douze parties, court de l'une à l'autre, n'est souvent pas présent à l'appel des affaires, et ses clercs jusqu'au dernier, jusqu'à celui qu'on appelle le petit clerc, passent leurs journées à solliciter des remises. Pendant ce temps, le plaideur, qui attend impatiemment la solution d'un procès duquel dépend sa fortune, se voit, de remises en remises, promené quelquefois jusqu'à la session suivante ; dans l'intervalle, son débiteur disparaît ou fait banqueroute, et il se voit ruiné, **non** pas parce que son procès était mauvais ; mais parce que son avoué a eu plus d'affaires qu'il n'en pouvait suivre ; en d'autres termes, parce que le nombre des avoués rigoureusement nécessaires pour la bonne suite des procès, est de plus de moitié insuffisant à Paris.

Ce que nous venons de dire des avoués, s'applique également aux agents de change, aux agréés, aux huissiers.

Le possesseur d'un douzième d'agent de change est réputé un homme riche ; les gains d'une charge d'agent de change suffisent donc pour faire vivre richement douze individus. Pourquoi, dans ce cas, au lieu d'un seul titulaire, ne pas en créer douze ? Le même individu ne pourrait plus, lorsqu'il serait assez riche pour cela, réunir ces douze douzièmes sur sa seule tête et absorber, au profit de son individualité, des profits reconnus suffisants pour faire vivre douze familles dans une sorte d'opulence.

Chez les agréés l'iniquité est plus criante encore. Outre leurs plaidoiries et des honoraires de plus d'une sorte que ces messieurs se font payer au poids de l'or, chaque appel de cause leur rapporte 4 francs; ils ont conséquemment intérêt à ce que la même cause soit appelée le plus de fois possible, et ils en usent, je vous prie de le croire; ils en usaient bien plus largement encore avant que le tribunal n'y eût apporté une sorte de frein par un réglement qui, faisons-le remarquer en passant, n'est pas toujours très-fidèlement observé. Somme toute, cependant, chaque agréé se fait une moyenne de soixante affaires par audience, c'est-à-dire une moyenne de soixante pièces de quatre francs, ou un petit total assez rond de 240 francs par jour; et cela, bien entendu sans compter les consultations, les plaidoiries, les actes de société, les arbitrages, les liquidations de faillites, etc., etc., que, nous le répétons, ces messieurs se font payer au poids de l'or. Eh bien, nous le demandons, pense-t-on que, pour un agréé qui gagne 240 francs par jour, le tribunal n'aurait pas trouvé dix avocats fort capables, aussi capables que

MM. les agréés, et qui se seraient contentés d'un bé-
néfice moyen de 24 francs par jour. La dignité de la
magistrature consulaire, la prompte administration
de la justice, la police des audiences et surtout l'intérêt des justiciables n'y auraient-ils pas considéra-
blement gagné ? N'est-il pas exorbitant, en effet,
nous dirons plus, n'est-il pas odieusement scandaleux
que, tandis que 1,500 avocats se partagent les affaires civiles, les affaires commerciales, qui sont beaucoup plus nombreuses, beaucoup plus importantes,
aient été livrées exclusivement, jusqu'à ce jour, à
seize riches privilégiés ?

C'est ainsi qu'à force de vouloir faire de l'ordre,
on a fait partout un effrayant désordre.

Passons aux huissiers :

L'huissier occupait autrefois une position fort infime, tranchons le mot, fort peu honorable; mais,
dans un siècle d'argent, l'argent ennoblit tout, même
les plus odieuses fonctions; et, il y a peu d'années,
le Moniteur contenait l'ordonnance royale qui nom-
mait un huissier chevalier de la Légion-d'Honneur;
non pas parce qu'il avait rendu quelque éminent service à l'Etat, ce qui eût été justice, malgré son titre
d'huissier, mais parce qu'il avait fait fortune dans

l'exercice de sa profession, ou bien peut-être parce qu'il fallait qu'il y eût un peu de tout dans cette pauvre Légion-d'Honneur, même de l'huissier. On ne nous a pas dit si les vieux légionnaires de l'empire se sont trouvés bien honorés du choix. Quoiqu'il en soit, l'huissier dont nous parlons gagne, dit-on, plus de soixante mille francs par an. La moyenne des bénéfices de ses confrères varie entre trente et quarante mille; on en conviendra, pour des huissiers, c'est fort honnête.

Il est vrai que la loi exige d'eux qu'ils portent en personne les copies de leurs actes, et qu'ils les font porter par des clercs, Dieu sait quels clercs! à 30 francs par mois; qu'ils devraient les remettre aux individus eux-mêmes, dans leurs domiciles, et qu'ils se contentent de les jeter en courant dans les loges des concierges, ce qui n'est pas toujours très agréable pour ceux auxquels elles sont destinées; qu'ils devraient rédiger les protêts séance tenante et en laisser copie, tandis qu'ils se contentent d'envoyer leur carte aux débiteurs qui ont le droit de porter leur argent dans l'étude en payant un acte de protêt qui, bien entendu, n'est pas fait. Il est vrai encore qu'ils se passent ainsi mille petites facilités, que la loi

punit, mais que l'usage et les procureurs du roi to-
léraient, nous devrions dire tolèrent, car, pour avoir
changé de nom, ces messieurs n'ont probablement
pas changé d'habitudes.

Au lieu de ces facilités, supposons l'exécution sévère, rigide des lois : qu'en résultera-t-il? Qu'au lieu
d'un huissier et de cinq clercs, par exemple, par
étude, il y aura six huissiers en titre ; car les clercs
font une besogne que le titulaire seul a le droit de
faire ; qu'au lieu d'un seul huissier, absorbant pour
lui et les siens 30,000 francs, il y aura six huissiers
gagnant chacun 5,000 francs, ce qui, entre nous soit
dit, sera une somme bien suffisante pour faire vivre
un huissier. Nous connaissons beaucoup d'honnêtes
gens qui vivent à moins.

Nous ne citons que Paris, parce que les faits s'y passent sous nos yeux et que nous avons pu les vérifier
avant de les jeter en avant ; mais ce n'est pas là seulement que le nombre des officiers ministériels est
insuffisant. A Saint-Denis, par exemple, chef-lieu de
sous-préfecture, justice de paix importante, puisque
La-Chapelle seule est une ville, il n'y a qu'un seul
huissier. Il est vrai que ce monsieur gagne 40,000
francs par an, et que dans un procès, après avoir dé-

jeuné avec l'argent du demandeur, il dîne et soupe avec celui du défendeur; mais, est-ce là de la bonne justice? Nous ne le pensons pas. Voilà pourtant où peut conduire un système inique lorsqu'il est rigoureusement appliqué.

Dans les villes des départements qui renferment ordinairement une cour d'assises, un tribunal de première instance, un tribunal de commerce, avec une moyenne de cent cinquante mille justiciables, il n'y a que six ou huit avoués, est-ce assez? Le double de ce nombre, au moins, ne serait-il pas nécessaire pour la marche rapide et régulière des affaires?

Sans aucun doute; mais alors les officiers ministériels ne pourraient plus faire fortune en quelques années, ce qui ne laisserait pas que de les désobliger; et puis, si l'on augmentait leur nombre, les études diminueraient nécessairement de prix. Tandis qu'aujourd'hui les clients peuvent se ruiner, mais les hommes d'affaires deviennent riches, très-riches: c'est une compensation; la richesse n'est jamais perdue; elle ne fait que changer de place.

Cependant nous pensons, nous, qu'au point de vue de la morale, comme au point de vue de l'intérêt général, il serait plus rationnel, qu'au risque de voir ces messieurs faire des fortunes moins rapides, leur nombre fût au moins doublé ; de cet état de choses résulteraient plusieurs avantages.

D'abord l'administration de la justice serait plus rapide et plus simple ; les procès traîneraient moins, les justiciables perdraient moins de temps, leurs intérêts resteraient moins en suspens : ajoutons que les affaires seraient mieux étudiées, mieux instruites, et que les plaideurs feraient moins d'heures d'antichambre en attendant les audiences de leurs hommes d'affaires.

Ensuite, à une époque où les professions libres sont encombrées, où beaucoup d'hommes capables, très-capables même, ne peuvent, faute d'argent, s'ouvrir des débouchés convenables, ne serait-ce donc rien qu'une mesure qui, au lieu d'une famille dans l'opulence, en placerait trois ou quatre dans une honorable aisance? Les antichambres des ministres sont encombrées de solliciteurs ; solliciteurs qui deviendront dangereux ; car, nous l'avons déjà dit, ils ont des titres à la bienveillance du gouvernement et le gouvernement n'a pas assez de places pour leur en donner à tous ; il y a en France environ trente mille officiers ministériels privilégiés. En supposant que le

nombre pût en être doublé seulement, ce serait trente
mille solliciteurs que le gouvernement placerait d'un
seul coup. Trente mille individus actifs, remuants de
moins qui pèseraient sur ses actes et dont le désap-
pointement et le dépit ne tardera pas, s'il n'y prend
garde, à lui faire une opposition funeste et dangereuse.

Prenons Paris pour exemple de l'application de
notre système : 500 privilégiés environ s'y partagent
des bénéfices annuels qui ont atteint à certaines époques un chiffre total de 25 millions. N'est-ce pas
exorbitant que parce qu'on est avoué au notaire, agent
de change ou avocat à la cour de cassation, voire
même huissier ou commissaire-priseur, on ait droit
à un revenu moyen de 50 mille francs par an ? Ainsi,
à Paris, au lieu de doubler le nombre des charges
nous demanderions qu'on le sextuplât, attendu qu'un
revenu moyen de dix mille francs pour les titulaires
serait à nos yeux plus que suffisant pour les faire
vivre d'une manière convenable.

Ou plutôt, en rendant ces professions libres, les
capacités s'y placeraient naturellement, suivant les
ressources et les besoins de chaque localité, et tout le
monde applaudirait à cette mesure, excepté, bien

entendu, ceux dont elle détruirait les priviléges.

Ceux-là, nous n'en doutons pas, crieraient à la spoliation et au vol ; car l'esprit humain est ainsi fait, qu'à force de posséder des choses injustement acquises, il finit par s'identifier avec ces mêmes choses et à les considérer comme sa propriété légitime. C'est l'histoire de tous les privilégiés ; le jour où il leur faut rentrer dans le droit commun, ils se posent en victimes et sont de bonne foi dans l'expression de leurs doléances.

Un fait qui suffirait au besoin pour prouver et l'injustice des fonctions privilégiés et l'insuffisance du nombre des fonctionnaires qui les exercent, c'est qu'à côté de chacune de ces fonctions, se sont groupées des professions bâtardes empiétant sur leur domaine et usurpant quelques parcelles de leurs priviléges : ainsi aux agents de change se sont opposés les coulissiers ; aux courtiers de commerce, les courtiers marrons ; aux huissiers, notaires et avoués, les agents d'affaires de toute sorte : partout l'usurpation a protesté contre le privilége, et presque toujours le privilége a été obligé de transiger avec l'usurpation.

Une autre réforme que nous ne solliciterons pas moins vivement et que nous allons nous contenter d'indiquer pour le moment, c'est la révision du tarif pour les frais de justice. Il semblerait de prime-abord que loin d'être diminué, le tarif de 1807 devrait être augmenté ; car depuis 1807, la richesse publique s'est accrue, le luxe a gagné ; les choses nécessaires à la vie ont suivi la même progession ascendante. Il n'en est rien cependant ; le tarif de 1807 était élastique ; d'habiles mains ont su l'harmoniser avec les besoins de l'époque ; les juges taxateurs ne se sont pas d'ailleurs montrés trop sévères dans son interprétation. Puis, à côté du tarif, ou plutôt malgré le tarif, l'usage des honoraires perçus en dehors, a prévalu ; en sorte que le tarif est à peu près considéré aujourd'hui comme non avenu.

Il serait trop long et en dehors de notre sujet d'indiquer les réformes à faire à cet égard : de premières réductions ont déjà été proposées au gouvernement provisoire, qui en a accueilli quelques-unes. Espérons qu'il ne s'en tiendra pas là ; qu'en simplifiant la procédure, il supprimera tous les actes inutiles, notamment ces rôles d'écritures qui ne figurent dans les dossiers que pour la taxe et qui ne sont lues par personne, pas même par l'avoué qui les signe ; espérons enfin que le nouveau tarif sera exécuté rigoureusement, infligeant des peines sévères à l'officier ministériel qui, sous quelques noms et sous quelques prétextes que ce soit, se fera allouer des sommes autres que celles qui y seront portées.

Nous ne dirons rien des greffiers ; ils relèvent directement de la magistrature ; ils n'ont ni dossiers ni minutes à garder, ni études ni clientelles à transmettre ; et cependant ils vendent leurs charges. Le greffe du tribunal de commerce de Paris vaut plusieurs centaines de mille francs ; il n'y a pas jusqu'aux commis greffiers qui achètent et qui paient leurs modestes places en beaux et bons deniers comptants. La contagion gagnait de proche en proche et eût fini par s'étendre jusqu'à la magistrature elle-même.

Nous ne parlerons, non plus, que pour mémoire des commissaires-priseurs, des maîtres de poste, des imprimeurs, etc., etc.

Des abus semblables ont surgi dans les halles, dans les marchés : la plupart des places dépendant de l'Hôtel-de-Ville ou de la Préfecture de police sont devenues vénales ; même dans les administrations civiles, des démissions et des présentations de successeurs ont été achetées. Qui ne se souvient de l'affaire Petit pour la recette des finances de Corbeil, et des scandaleuses révélations qui en sont résultées? Si la monarchie est tombée sous le poids de sa propre corruption, certes la vénalité des charges y a puissamment contribué. La République voudra-t-elle accepter l'héritage de la monarchie et marcher sur ses traces?

CONCLUSION.

1°. En 1789, la vénalité des charges a été abolie comme contraire au nouveau droit constitutionnel des Français et aux principes sacrés de liberté, d'égalité qui en forment la base.

2°. Rétablie de fait sous l'empire et sous les deux monarchies qui lui ont succédé, elle ne l'a jamais été de droit. Les lois qu'on invoque en sa faveur ne contiennent que des inductions, et des inductions ne suffisent pas pour abroger des lois d'ordre public telles que la loi abolitionnelle de 1789.

3°. L'usage rétabli de la vénalité des charges étant reconnu abusif et constituant une usurpation flagrante de la fortune publique, l'État ne devra aucune indemnité aux titulaires actuels lorsqu'il proclamera que désormais leurs professions sont libres.

4°. Dans l'intérêt de sa propre conservation, comme dans l'intérêt des principes, comme dans l'intérêt de tous les citoyens, excepté peut-être un petit nombre de privilégiés, le gouvernement doit faire cesser aussitôt un état de choses qui constitue une inégalité choquante entre les Français, confisque la liberté de tous au profit de quelques-uns, et est une protestation permanente contre les principes d'égalité qui doivent servir désormais de base à notre contrat social.

DE LA RÉORGANISATION JUDICIAIRE.

Une commission, nous l'avons déjà dit, a été chargée par le ministre de la justice de préparer un travail sur l'organisation des tribunaux en France. Avant de réorganiser elle devra désorganiser. Quand on veut bâtir, on commence par déblayer son terrain; à moins, ce que nous ne supposons pas, que la commission ne juge notre judicature la meilleure possible, et qu'elle ne veuille se borner à remplacer les procureurs du roi par des commissaires de la république et quelques juges inamovibles par des juges amovibles.

Nous qui croyons qu'il y a infiniment mieux que cela à faire, nous allons nous permettre de formuler nos idées, heureux si elles parviennent jusqu'à la commission, plus heureux encore si elles lui sont de quelque utilité pour l'accomplissement de sa tâche. Ces idées sont, du reste, le complément naturel de notre travail sur la vénalité des charges ; car, abolir d'iniques priviléges, c'est très-bien : mais ce n'est pas assez ; il faut encore détruire les abus qui faisaient vivre les professions privilégiées. Or, ces abus disparaîtraient naturellement avec un système judiciaire fondé sur les vrais principes républicains : l'élection du juge et le libre choix du défenseur.

La nomination des membres de la magistrature fut toujours un des plus précieux apanages de la puissance ; le peuple abdiquerait sa souveraineté, s'il ne demandait pas à élire lui-même, directement, ses juges.

Il les élira à temps ; car l'inamovibilité qui était une garantie contre la tyrannie, devient inutile avec le principe de l'élection, l'élu étant nécessairement l'expression de la pensée et des vœux de la majorité des citoyens qui le rééliront ou ne le rééliront pas, suivant qu'il se montrera, ou ne se montrera pas digne du premier choix qui avait été fait de lui.

Le juge devra-t-il être nécessairement choisi dans telle ou telle catégorie de citoyens, à l'exclusion de tous les autres? En d'autres termes, faudra-t-il être docteur ou licencié en droit pour pouvoir être élu juge? — Nous pensons que non. D'abord parce que formuler des exclusions c'est porter atteinte à la liberté des choix ; secondement, parce que l'homme qui a passé sa vie dans la pratique des affaires, est, suivant nous, beaucoup plus capable d'appliquer les lois que le jeune étudiant à son sortir de l'école. Si nous avions besoin d'exemples, nous en trouverions de nombreux et de concluants parmi les juges consulaires qui, cependant, ne sont ni docteurs, ni licenciés en droit ; troisièmement enfin, parce que nul ne sera mieux jugé que par ses pairs, c'est-à-dire l'agriculteur par des agriculteurs, le marchand par des marchands, le fabricant et l'ouvrier par des fabricants et des ouvriers. N'avons-nous pas déjà le jury, les conseils de prudhommes, les tribunaux de commerce? Si les principes qui ont présidé à la création de ces tribunaux ont été reconnus bons, pourquoi ne les appliquerait-on pas aux justices de paix et aux tribunaux civils?

Que s'il doit y avoir quelques hommes de loi dans les tribunaux, nous pensons que ce sera assez des membres des parquets dont nous réserverons le choix au gouvernement central, afin que, dans les tribunaux comme partout, il ait ses représentants.

Les fonctions de juges seront partagées entre un grand nombre de citoyens qui les exerceront successivement et pendant des espaces de temps assez courts, tels qu'une semaine, une quinzaine au plus; elles seront honorifiques et non salariées. Les membres des parquets seuls seront perpétuels et appointés par l'Etat.

Ces principes posés, arrivons aux détails.

Nous pensons que la division de la France en départements, arrondissements, cantons et communes, est vicieuse; nous demanderons la suppression des arrondissements comme d'un rouage inutile, propre tout au plus à compliquer les affaires et à retarder leur marche. Nous ne faisons qu'indiquer la question en ce moment; nous y reviendrons bientôt et nous la discuterons à fond quand nous traiterons des réformes à apporter dans notre système administratif.

Nous voudrions donc établir la hiérarchie suivante :

1° La commune avec des conseillers municipaux librement élus par elle. Il n'y aurait plus ni maire, ni adjoint ; le conseil réuni exercerait les pouvoirs municipaux ; il nommerait ses président, vice-présidents, secrétaires, etc. Des membres délégués à tour de rôle rempliraient les fonctions d'officiers municipaux.

2° le canton, avec des conseillers cantonnaux élus par les citoyens réunis de tout le canton.

3° Le département avec des conseillers départementaux élus par les cantons dans la proportion de leurs populations.

Cette hiérarchie servirait de base à notre système judiciaire :

Dans la commune, nous voudrions une juridiction du premier degré que nous appellerions Tribunal de famille, lequel serait composé de trois conseillers municipaux siégeant temporairement et remplacés successivement par trois autres. Ce tribunal siégerait tous les dimanches ; il jugerait en dernier ressort jusqu'à cent francs et pour toutes les affaires au-dessus, comme tribunal de conciliation. La procédure y serait gratuite, le garde champêtre faisant fonction d'huissier, et le secrétaire municipal de greffier.

Resterait à examiner si les actes de procédure devant ce tribunal devraient être soumis à l'enregistrement (nous ne le voudrions pas) et si l'exécution de ses jugements ne devrait pas être confiée aux huissiers de la justice cantonnale.

Le second degré de notre judicature serait un tribunal cantonnal, tenant une ou deux audiences par semaine, suivant le besoin. Ce tribunal serait composé de deux ou de quatre conseillers cantonnaux, siégeant, comme dans les communes, temporairement, et remplacés successivement par d'autres. Il serait présidé par un juge de paix faisant fonction près de lui de ministère public : ce juge pourrait prendre la parole, au besoin, pour exposer la cause ; mais il s'abstiendrait de voter. Lorsqu'il y aurait partage d'opinion parmi les membres du tribunal, l'affaire serait remise à huitaine, pour que les juges pussent éclairer leur religion dans l'intervalle ; enfin, si, à l'audience de huitaine, le partage existait encore, le juge de paix voterait, et sa voix formerait la majorité.

Il y aurait près de ce tribunal un greffier et des huissiers.

Le juge de paix conserverait ses attributions actuelles pour tout ce qui concerne les appositions de scellés, tutelles, etc.

Il est bien entendu qu'en vertu du principe de la liberté de la défense, chacun pourrait plaider sa cause ou la faire plaider par qui bon lui semblerait. Cependant s'il s'établissait près de ces justices des défenseurs officieux de profession, le tribunal pourrait exiger d'eux certaines garanties tant morales que pécuniaires, et leur imposer un tarif au delà duquel ils ne devraient rien exiger, à peine de se voir exclure des audiences ; mais sans jamais limiter leur nombre, ce qui serait encore établir des priviléges.

Tout jugement de la justice cantonnale serait porté en dernier ressort devant le tribunal départemental : seulement nous voudrions que le plaideur qui interjetterait appel, fût condamné à une forte amende s'il perdait son procès devant cette troisième juridiction.

Ce tribunal devant remplacer les cours d'appel actuelles, nous pensons qu'il devrait être composé de deux éléments : 1° de juges salariés choisis par le gouvernement, parmi les jurisconsultes les plus distingués : ils seraient chargés d'instruire chaque affaire, d'en étudier le droit et de faire leur rapport à l'audience (comme cela se pratique actuellement à la cour de cassation) ; 2° de membres du conseil départemental, siégeant alternativement et temporairement. Nous n'indiquons pas les proportions dans lesquelles chacun de ces deux éléments devrait figurer dans la formation du tribunal d'appel : cependant nous pensons que l'élément produit par l'élection devrait être en majorité.

Enfin, au-dessus de ces tribunaux serait une cour suprême, siégeant à Paris et composée exclusivement des jurisconsultes les plus éminents.

Nous nous contentons d'indiquer sommairement nos idées ; nous y reviendrons avec plus de détails.

Mais au milieu de tant de changements, quel sera le sort des officiers ministériels ? Nous l'expliquerons également dans notre prochaine publication.

FIN.